강남 좌파 2

강남 좌파 2

왜 정치는 불평등을 악화시킬까?

강준만

강남 좌파에 대한 오해

종북좌빨이니 강남 좌파니 극우꼴통이니 하는 말을 동원하며, 그 말을 듣는 본인이 수긍하지 않을 분류법을 남에게 들씌우는 사람들의 의도는 뭘까. 특히나 강남 좌파라는 말에서는, 흑인에 대한 차별에 반대하는 백인을 '니거러버('깜둥이를 좋아하는 자'라는 뜻의 비칭)'라고 부르며 빈정대던 인종주의자들의 음험한 악성을 떠올리게 된다.

2019년 8월 변호사 정인진이 『경향신문』에 기고한 「내게 '보수냐 진보냐' 묻는 이들에게」라는 칼럼에서 한 말이다.

한국에서 '좌파'는 수구세력이 입지를 넓히려고 나머지를 한쪽으로 밀어붙이는 멸칭일 뿐이다. '강남 좌파'나 '입진보'는 수구

세력이 즐겨 써먹는 '언어의 덫'이다.

2019년 10월 세명대학교 저널리즘 스쿨 교수 이봉수가 『경향신문』에 기고한 「보수의 품격, 진보의 품격」이라는 칼럼에서 한 말이다.

이분법과 진영 논리에 반대하면서 회색 지대의 가치를 역설하는 정인진의 주장엔 뜨거운 지지를 보낸다.• 그리고 진보든 보수든 언어의 품격을 갖추어야 한다는 이봉수의 주장에도 뜨거운 지지를 보낸다.•• 두 분의 주장엔 지지 정도가 아니라 열

• 판사 시절 집무실 칠판에 "소신 없는 판사가 되자"는 좌우명을 써놓았다는 정인진은 이 칼럼에서 "너는 보수냐, 진보냐?"고 따지는 '진영 논리의 무지스러움'에 대해 이렇게 개탄했다. "한·일 경제 전쟁에서 일본이 도발해오기 전 대일 청구권 문제에 관한 정부의 조치가 미숙했다는 견해에 동조하면 보수적이고, 반대하면 진보적인가. 거꾸로, 이 문제를 놓고 보수주의자라면 정부를 비난해야 하고 진보주의자라면 정부를 옹호해야 하는가." 정인진, 「내게 '보수냐 진보냐' 묻는 이들에게」, 『경향신문』, 2019년 8월 19일, 29면.
•• 이봉수의 다음 주장은 '진리'에 가깝다는 게 나의 생각이다. "진보든 보수든 품격을 갖추는 쪽이 진영 내 불필요한 싸움을 극복하고 중도층을 흡수해 집권 세력이 된다.……'증오의 정치'는 기존 지지자를 규합하는 데 효과가 있다. 그런데 그 효과는 그 정치세력이나 정당의 담을 넘지 못한다. 총선이든 대선이든 공천 경선에는 유리하지만 품격 없는 언행은 본선에서 부메랑이 되어 발목을 잡는다. 선거 승패는 '막말 정국'에서 세력이 커진 무당파가 쥐고 있다." 이봉수, 「보수의 품격, 진보의 품격」, 『경향신문』, 2019년 10월 9일, 25면.

광적인 박수를 보내고 싶은 게 나의 솔직한 심정이다. 다만 '강남 좌파'라는 말에 대해선 좀 다른 의견을 제시하고 싶다. '강남 좌파'를 정인진과 이봉수가 강한 반감을 느낄 만한 용도로 쓰는 사람이 많기에 더욱 그렇다.

'강남 좌파' 문제를 불거지게 만든 장본인인 조국은 법무부 장관 내정 66일, 법무부 장관 취임 35일 만인 10월 14일에 사퇴했지만, 이건 그걸로 끝난 이야기가 아니다. 앞으로 두고두고 계속될 한국 정치의 근본 문제이기도 하다. 오히려 이제부터 우리 모두 그간 격앙된 감정을 가라앉히면서 차분하고 본격적인 논의에 임해야 한다는 게 나의 생각이다.

우선 '좌파'부터 따져보자. 이봉수의 지적처럼, '좌파'는 수구 세력이 입지를 넓히려고 나머지를 한쪽으로 밀어붙이는 멸칭이었던 건 분명한 사실이다. 그러나 언제부턴가 '레드 콤플렉스'가 완화되고 스스로 좌파임을 당당하게 천명하고 나서는 사람이 많아지면서 오늘날엔 '좌파'를 그냥 비교적이고 상대적인 개념으로 부담 없이 쓰는 경향이 있다.

조국은 법무부 장관 인사 청문회에서 "(저는) 그때나 지금이나 자유주의자인 동시에 사회주의자"라고 선언했는데, 당당해서 좋잖은가. 물론 여전히 '좌파'를 멸칭으로 쓰는 사람들도 있지만, 구더기 무서워 장 담그는 걸 포기할 수는 없는 일이다. '좌파'가 자연스러운 일상용어로 자리 잡는 게 좌파에게도 유리하다는 게 나의 생각이다.

　강남 좌파는 한국만의 현상은 아니다. 다른 나라들에도 비슷한 현상이 존재한다. 미국의 '리무진 진보주의자limousine liberals',● 프랑스의 '고슈 카비아gauche caviar(캐비아 좌파)',●● 영국의 '샴페인 사회주의자champagne socialist', 독일의 '살롱 사회주의자salon socialist', 캐나다의 '구치 사회주의자Gucci socialist', 호주의 '샤르도네 사회

● 미국의 '리무진 진보주의자'는 고급 승용차를 타는 등 생활은 상류층처럼 하면서 정치적 성향은 진보 노선을 내세우는 걸 꼬집어서 하는 말이다. 1969년 뉴욕 시장 선거에서 도전자인 마리오 프로카치노Mario Procaccino(1912~1995)가 재선을 노리는 현직 시장인 존 린지John Lindsay(1921~2000)와 그의 부유한 정치적 후원자들을 비난하기 위해 처음 작명한 것이다. Marc J. Hetherington, & Jonathan D. Weiler, 『Authoritarianism & Polarization in American Politics』(New York: Cambridge University Press), 2009, p.44.

●● 고슈 카비아는 철갑상어 알(캐비아)을 먹는 귀족 생활을 하면서 사회주의를 논하는 프랑스 좌파를 뜻한다. 고대훈에 따르면, "이 용어는 1980년대 초 탄생했다. 당시 프랑스의 한 주간지는 '돈독 오른 좌파'라는 기사를 냈다. 성城 같은 호화 저택을 배경으로 최고급 롤스로이스 승용차 앞에서 주먹을 불끈 쥔 채 사회주의식 구호를 외치는 정장 차림의 부부를 묘사했다. 이때부터 프랑수아 미테랑(1916~1996) 대통령을 비롯해 사회당PS 인사를 캐비아 좌파라고 비아냥댔다. 『슬픔이여 안녕』을 쓴 프랑수아즈 사강도 '버스보다는 재규어를 타고 울고 싶다'고 말해 캐비아 좌파로 불렸다. 왜 하필 캐비아일까. 파리 마들렌 성당 근처의 유명한 식당에서 캐비아를 음미하려면 알 종류에 따라 1인분에 79~1,262유로(약 12만~190만 원)를 줘야 한다. 전채前菜 요리로 몇 스푼이면 없어지는 아주 적은 양물인데 이 정도다". 고대훈, 「[분수대] 캐비아 좌파」, 『중앙일보』, 2011년 5월 19일.

주의자Chardonnay socialist(고급 와인 사회주의자)' 등에 상응하는 게 바로 한국의 강남 좌파다.

모두 다 좋은 뜻으로 쓰는 말은 아니지만, '엘리트 독식'이라는 서구 정치의 딜레마를 가리키는 용어로 받아들일 만한 가치가 있다. 우파가 좌파를 폄하하기 위한 용도로 쓴다고 하더라도, 좌파는 그런 폄하에 상당한 근거가 있음을 인정하고 성찰과 변화의 근거로 활용하는 발상의 전환이 필요하다는 뜻이다.

한국 국회의원의 재산은 1인당 평균 37억 2,800만 원으로 일반 가구 평균의 12.6배에 달한다. 여야, 진보-보수의 차이는 별로 없다. 민주화 투쟁을 하던 시절과는 달리 오늘날엔 주로 먹고사는 문제가 완전히 해결된 사람들이 정계 진출을 시도하기 때문이다. 서구의 경험에 비추어보자면, 앞으로 한국에서도 부자들이 정치를 할 가능성이 높고, 따라서 강남 좌파가 더욱 많아질 것이다.

강남 좌파를 어떻게 볼 것인가? 일단 감사를 드려 마땅한 고마운 사람들이라는 걸 인정할 필요가 있다. 부자들이 서민을 생각하는 마음이 고맙지 않은가. 대부분 학벌 권력도 막강한 그들이 진보적 가치를 역설하는 건 한국과 같은 '학벌 공화국'에선 서민에게 큰 힘이 된다. 상층에도 진보가 있고 하층에도 보수가 있다는 건 사회적 갈등의 양극화를 막는 데에도 기여한다.

물론 강남 좌파의 부정적인 면도 있다. "강남 좌파여, 얼굴에

기름기 넘치면서 명예마저 가지려는 '심보'는 뭐냐"는 식의 비판
도 있지만,[1] 이런 비판엔 동의하기 어렵다. 명예가 정당하게 얻
어지는 것이라면 얼굴의 기름기 여부는 아무런 문제가 안 된다
고 보기 때문이다. 강남 좌파의 문제는 좀더 큰 맥락에서 살펴
볼 필요가 있다.

우선 '가용성 편향availability bias'의 문제다. 가용성 편향은 우
리가 흔히 쓰는 "노는 물이 어떻다"는 식의 표현을 원용하자면,
'물 편향'이라고 할 수 있다. 비슷한 계급의 사람들이 끼리끼리
어울리는 물의 영향을 받다보면 비슷하지 않은 사람들의 사정
을 헤아리기 어렵다. 강남 좌파는 거시적이고 추상적인 진보의
가치를 역설하는 데엔 능하지만, 서민의 절박한 삶의 문제를 해
결하는 일엔 무관심하거나 무능할 가능성이 높다.

다음으론, '도덕적 면허 효과moral licensing effect'의 문제를 들 수
있다. 도덕적 면허는 사회를 위해 헌신한 사람들이 그런 경력
으로 인해 갖게 되는 도덕적 우월감을 말한다. 그 정도가 지나
치면 독선과 오만을 낳고, 공감 능력을 퇴화시켜 자기 객관화를
방해한다. 민주화 운동 경력이 있는 386세대이면서 강남 좌파
에 속하는 사람들의 경제 자본과 학벌 자본은 이런 문제를 증폭
시키는 경향이 있다.

'386세대'는 이 책에서 자주 등장할 용어이기에 여기서 미리
설명하고 넘어가는 게 좋겠다. 386세대는 1960년대에 출생해

민주화 투쟁이 격렬하게 벌어진 1980년대에 대학 생활을 했고 1990년대에 30대였던 사람들로, '30대, 80년대, 60년대'의 첫 숫자를 따 지은 이름이다. 세월이 흐르면서 이들이 40대가 되었을 땐 486세대라고 했고, 50대가 되면서 586세대라는 말이 쓰이고 있다. 최근엔 그냥 '86세대'로 부르기도 한다. 이 책에선 우리 입에 밸 정도로 익숙해진 '386세대'라는 표현을 썼다는 걸 밝혀 둔다.

강남 좌파 논쟁은 '가용성 편향'과 '도덕적 면허 효과'라는 2가지 문제의 해결이나 완화에 집중하는 것이 바람직하다. 강남 좌파라는 용어 자체가 음험한 느낌을 준다면 다른 용어로 바꾸어도 무방하겠지만, 흔히 대체어로 쓰이는 '위선 좌파'보다는 훨씬 낫지 않은가. 2018년 3월 기준 청와대 비서관급 이상과 행정부의 차관급 이상 공직자 206명 가운데 65명(32%), 국회의원 287명 중 74명(26%),[2] 2018년 말 기준 기획재정부(11명), 산업통상자원부(54명), 공정거래위원회(6명)의 고위 공직자 71명 중 33명인 약 46%가 강남 3구에 집을 갖고 있었다는 점도 감안할 필요가 있겠다.[3] '강남'은 '부富와 권력'의 상징적 의미로 쓰는 말일 뿐이지만, 그런 상징화엔 충분한 근거가 있다는 뜻이다.

많은 유권자가 보기에 정치는 좌우의 싸움도 아니고, 진보-보수의 싸움도 아니다. 기득권 엘리트가 더 나은 지위를 차지하기 위해 벌이는 그들만의 싸움일 뿐이다. 강남 좌파론은 정치가 출세와 입신양명立身揚名의 도구로 기능하는 사회에 대한 문제 제기로 이해하는 게 옳다. 강남 좌파를 개인에 대한 인신공격의 용도로만 쓰는 건 너무 비생산적이며, 강남 좌파론에 대한 심각한 오해다.

나는 이런 문제의식을 지난 2006년 『월간 인물과사상』(5월호)에 기고한 「강남 좌파: '엘리트 순환'의 수호신인가?」라는 글과 2011년에 출간한 『강남 좌파: 민주화 이후의 엘리트주의』라는 책을 통해서 제기한 바 있다. 나는 그간 "모든 정치인은 강남 좌파"라며, 강남 좌파를 강남 냄새가 물씬 풍기는 극소수 정치인들에게만 국한해 사용하지 말고 더 큰 맥락에서 이해할 것을 제안했다.

나는 그런 제안의 연장선상에서, 한국에서 가장 치열한 계급투쟁은 입시 전쟁이라는 점을 들어 "강남 좌파는 학벌 좌파"이며, 강남 우파도 '강남 좌파적 언어'를 사용한다는 점을 지적했다. 즉, 강남 좌파 현상은 한국 정치의 핵심을 이해하는 키워드라는 점을 강조하고자 한 것이다. 그러나 나의 그런 주장이 널리 받아들여진 것 같진 않다. 그래서 좀 다른 관점에서 이야기를 해야 할 필요를 느끼게 되었고, 이게 바로 이 책을 쓰게 된 이유다.

이 책의 핵심적인 문제의식은 "왜 정치는 불평등을 악화시킬까?"라는 질문이다. 불평등의 완화를 바라는 사람들의 마음은 하나일 것 같지만, 어떤 프레임으로 접근하느냐에 따라 전혀 다른 양상을 보인다. 그간 한국 사회에서 지배적인 프레임은 상위 1% 계급에 문제가 있다는 '1% 대 99% 사회' 프레임이었지만, 나는 이 책에서 '상위 10%'나 '상위 20%'를 문제 삼는 '10% 대 90% 사회' 프레임 또는 '20% 대 80% 사회' 프레임이 필요하다고 주장한다.

'1% 대 99% 사회' 프레임에선 1%에 속하지 않는 강남 좌파는 별 문제가 안 될 수도 있지만, '10% 대 90% 사회' 프레임 또는 '20% 대 80% 사회' 프레임에선 강남 좌파가 매우 중요해진다. 상위 10%나 20%에 속하는 사람들이 정치를 지배하는 현실에서 그들이 과연 자신의 이익에 반하는 정책을 주장할 수 있을까? 10%나 20%의 기득권을 지키려는 사람들이 외치는 '1% 개혁'은 가능한 걸까? 10%나 20%에 속하는 사람들이 "나도 양보했는데, 왜 당신들은 양보하지 않으려는가?"라는 당당하고 공평무사公平無私한 자세를 가질 때에 비로소 '1% 개혁'도 가능한 게 아닐까? '강남 좌파'는 바로 이 물음에 답하기 위해 우리가 좀더 심각하게 문제 삼아야 할 존재라는 게 이 책의 주요 메시지다.

나는 '조국 사태'의 와중에서 벌어진 정파적 싸움에 가담할 생각이 전혀 없다. 이 책의 취지는 한 단계 더 높은 차원에서 거리 두기를 통해 우리 모두의 문제로 같이 생각하면서 대화를 해보자는 것이다. 그래서 나는 여전히 '실명 비판'을 사랑하고 지지하지만, 이 책의 목적은 그게 아니기에 가급적 실명 거론을 피하면서 진영 논리를 넘어선 공론장에 다가서고자 애를 썼다. 물론 그래도 비판이나 비난을 피해갈 수는 없겠지만, 그거야 감당해야지 어쩌겠는가. 내 취지와 선의를 이해해주는 독자가 많기를 기대할 뿐이다.

정파적 대결 구도를 넘어서 강남 좌파를 사회 전체의 불평등 유지 또는 악화와 연결시켜 '우리 모두의 문제'로 이해하자는 나의 제안이 여전히 큰 호응을 얻진 못한다 하더라도, 강남 좌파에 대한 기존 오해만큼은 불식되길 기대한다. 나 역시 지방에 살고 있을망정 넓은 의미의 '강남 좌파'에 속하는 사람으로서 엄정한 자기비판에 임한다는 자세로 이 책을 썼다는 걸 밝혀두고 싶다.

2019년 11월
강준만

차 례

제 1 장 왜 '1% 대 99% 사회' 프레임은 위험한가?
'진영 논리'와 '진보 코스프레'의 오류

맺는말   '20% 대 80% 사회' 프레임을 위하여

왜
'1% 대 99% 사회'
프레임은 위험한가?

'진영 논리'와
'진보 코스프레'의 오류

'불평등'은 언론인·학자들에게 인기가 없는 주제

미국 하버드대학 경제학자 그레고리 맨큐Gregory Mankiw의 『미시경제학 원리』에는 '소득 불평등과 빈곤'이라는 제목의 장chapter이 있었지만, 맨큐는 이 책을 『핵심경제학』으로 압축할 때 이 장을 아예 빼버렸다. 그 이유가 웃긴다. 불평등 문제는 "학생들이 경제를 공부하는 데 흥미를 가질 만한 내용"이 아니라는 것이다.[1]

그렇다. 불평등을 문제 삼는 주장이 인기가 없다는 건 분명하다. 그런 주장을 환영할 만한 사람들은 먹고살기에 바빠 책을 거들떠볼 겨를조차 없다. 책이건 언론이건 경제 이론이나 경제 평론을 공부하거나 소비하는 사람들은 웬만큼 가진 사람들이기에 그런 주장은 자신의 이익에 반한다는 이유로 별 흥미를 느끼지 못하거나 반감마저 갖는다.

그래서 불평등은 언론인과 학자들에게도 인기가 없는 주제가 되고 말았지만, 불평등 문제를 은폐하는 데에도 한계가 있다. 이 문제는 평소에 별로 제기되지 않다가 그 어떤 한계에 이르면 격렬한 시위의 형식으로 제기되기도 한다.

2011년 전 세계를 떠들썩하게 만든 '월스트리트 점령 시위'의 슬로건은 "1% 대 99% 사회", "우리는 99%다", "탐욕스런 기업과 부자에게 세금을!" 등이었다. 이 시위는 전 세계로 번져나갔고, 한국에서도 "1%에 맞서는 99% 분노", "1%에게 세금을, 99%에게 복지를" 등과 같은 슬로건을 내세운 시위가 벌어졌다. 정의롭고 진보적인 시위였다.

불평등 문제에 천착해온 미국의 진보적 경제학자로 2001년 노벨경제학상 수상자인 조지프 스티글리츠Joseph E. Stiglitz는 "1%의, 1%를 위한, 1%에 의한" 경제적 현실을 지적하면서 미국을 "1%의 나라"라고 비판했다.[2] 『21세기 자본』(2013)이란 책으로 세계적인 선풍을 불러일으킨 프랑스 경제학자 토마 피케티Thomas Piketty는 선진국의 300년간 소득세 납부 자료를 분석한 끝에 경제성장 와중에 상위 1%에 소득이 집중되며, 이 1% 계층의 소득이 불평등을 증가시키는 주된 요인이란 사실을 확인해주었다.[3]

소득 분배를 연구하는 70여 개국 학자 100여 명의 네트워크인 '세계 부와 소득 데이터베이스WID.world'가 2017년 12월 발표한 「세계의 불평등 보고서」는 "전 세계 인구 가운데 소득이 많은 상위 1% 7,600만 명이 1980년에서 2016년 사이 늘어난 세계의 부 가운데 27%를 차지했다"고 밝혔다. 미국에서는 1980년에 상위 1%의 몫이 22%였으나, 2014년에 39%로 급증했다.*

불평등을 은폐하는 '1% 대 99% 사회' 프레임

이렇듯 "1% 대 99% 사회"는 불평등 문제를 제기할 때에 빠지지 않고 등장하는 핵심적인 용어이자 개념이 되었다. 그런데 과연 "1% 대 99% 사회"라는 프레임은 옳은 것일까? 문제는 없는 걸까? 이 프레임에 강한 의문을 가져온 나로선 최근 번역·출간된 리처드 리브스Richard Reeves의 『20 vs 80의 사회』(2017)라는 책이 더할 나위 없이 반가웠다. 각자 이유는 좀 다를망정 여러 언론인이 칼럼에서 이 책을 거론한 것은 그런 의문이 의외로 넓은 공감대를 형성하고 있을지도 모른다는 생각을 갖게 만들었다. 이 또한 반가운 일이다.

----

* 이 보고서 작성에 참가한 토마 피케티는 "미국 방식을 피하면 불평등 심화를 피할 수 있다"고 강조했지만, 한국은 미국 방식을 잘 추종한 탓에 상위 1%와 10%의 몫이 1996년 7.3%와 32.6%에서 2012년 12.3%와 44.2%로 커지는 등 빈부격차가 빠른 속도로 커졌다. 「[사설] '불평등 방치하면 파국 온다'는 경제학자들의 경고」, 『한겨레』, 2017년 12월 18일.

미국 브루킹스연구소 경제학자인 리브스는 피케티만큼 세계적인 권위가 있는 인물은 아니다. 하지만 그가 이 책을 쓰게 된 동기는 이 문제가 경제학만의 영역은 아니며 정치학과 사회학적 연구도 병행되어야 할 주제라는 걸 시사한다는 점에서 주목할 필요가 있다. 그는 영국 출신으로 신분 사회적 요소가 강한 영국 문화가 싫어 평등 지향적인 미국에 귀화해 미국인이 된 인물이다.

그런데 미국에서 살아보니, 실제로는 미국이 영국보다 더 심한 신분 사회라는 걸 절감하게 되었고, 그런 문제의식으로 이 책을 쓰게 되었다고 한다.[4] 그간 '20 대 80의 사회'에 대한 문제 제기는 많이 있었지만, '1 대 99의 사회'에 시비를 걸진 않았다. 상호 공존할 수 있는 것으로 여겨졌다. 『20 vs 80의 사회』는 사실상 공존 불가론을 시사한다는 점에서 의미가 있다.

리브스는 2011년 5월 1일에 벌어진 '월스트리트 점령 시위'에 참여한 사람 중 3분의 1 이상이 연 소득 10만 달러가 넘었다는 점, 2015년 1월 말 버락 오바마Barack Obama 대통령의 세제 개혁안이 당시 민주당 하원 원내대표였던 낸시 펠로시Nancy Pelosi 등의 강력한 반대로 폐기되었다는 점을 지적한다. 펠로시가 누군가? 현재 하원의장인 펠로시는 '진보의 화신'이라고 해도 좋을 정도로 민주당 내에서 강경한 진보 노선을 걸어온 인물이다. 상위 1%를 향해 날카로운 비판과 독설도 불사했던 그가 상위

20%의 이익을 위해선 전혀 다른 자세를 취한 것이다. 20%의 기득권을 유지하면서 1%만 문제 삼는 것으로 극심한 불평등 문제를 해결할 수 있을까?

'529 대학 저축 플랜'으로 불린 그 세제 개혁안은 자녀의 대학 학비 용도로 돈을 붓는 장기저축 상품의 세제 혜택을 없애고, 그 재원을 공정한 세액 공제 시스템을 확충하는 데 쓰자는 것이었다. 펠로시를 비롯한 리무진 리버럴 정치인들의 지역구는 부유하고 교육 수준이 높으며 진보 성향 계층이 주로 사는 곳이었다. "영향력을 발휘할 수 있을 만큼 충분히 부유하고, 당락을 좌우할 만큼 숫자도 많은" 소득 상위 20%의 중상류층이 개혁을 무산시킨 것이다.[5]

미국 정치학자 래리 바텔스Larry M. Batels는 미국 상원의원들을 대상으로 그들이 누구를 대변하는가 하는 실증적 연구를 했다. 그는 상원의원들이 가난한 유권자들보다 부유한 유권자들의 이익을 대변한다는 걸 입증했다. 분석 결과 소득분포의 상위 3분의 1에 속하는 유권자들의 견해는 중간 3분의 1에 속하는 사람들보다 50% 더 높은 중요도를 부여받았으며, 하위 3분의 1에 속하는 유권자들의 견해는 거의 무시된 것으로 나타났다.

이 결과도 놀랍지만, 더욱 놀라운 건 부자들의 요구에 더 민감하게 반응하는 성향은 민주당 의원들과 공화당 의원들 사이에 차이가 없었다는 점이다. 왜 그런 일이 벌어진 걸까? 부유한 유권자일수록 투표를 더 많이 하며 돈과 로비로 정치에 영향을 미치려고 애를 쓴다는 이유들이 그간 제시되었지만, 바텔스는 상원의원들이 부유층에 속한다는 점을 중시했다. 자신이 부유하기 때문에 부유층의 이익을 대변할 가능성이 높다는 것이다.[6]

과연 리브스의 생각처럼 미국이 영국보다 심한 신분 사회냐 하는 건 별도로 따져볼 문제겠지만, 여기서 중요한 건 미국인들은 결코 그렇게 생각하지 않는다는 점이다. 그 이유가 무엇일까? 내가 보기엔, 그게 바로 "1% 대 99% 사회"라는 프레임이다. 1%를 불평등의 주범으로 몰아버리면, 나머지 99% 내부의 격차와 불평등은 비교적 작은 문제로 여겨지고, '1% 개혁'을 완수하는 그날까진 대동단결해야 할 공동체가 된다.

하지만 20%의 중상류층은 다수 대중과 같은 이해관계를 갖고 있지 않다. 1979년에서 2013년 사이 미국 상위 20% 가구 소득 총합은 4조 달러 늘었는데, 하위 80%는 3조 달러 정도 늘었다. 4조 달러 중 3분의 1을 상위 1%가 가져가긴 했지만, 바로 아래의 19%가 가져간 소득 증가분도 2조 7,000억 달러에 달했다. 중상류층은 최상류층을 공격하는 데 목소리를 높이지만, 1%와 20%는 분리된 존재가 아니다. 최상류층은 상위 20%가 '들락날락하는 집단'이다.[7]

"가만, 내가 성공했다고 욕을 먹어야 한다는 거야?"

미국 정치철학자 매슈 스튜어트Matthew Stewart의 『부당 세습』
(2018)이란 책도 상위 '9.9%'의 책임을 묻는다는 점에서 주목할
만하다. 그는 자신도 9.9%에 속하는 사람이라고 밝히면서 "우
리는 이를테면 90퍼센트로부터 자원을 뽑아내어 0.1퍼센트로
옮기는 깔때기 형태의 기계를 작동시키는 직원이나 마찬가지
다"며 이렇게 말한다.

"우리는 그 공정에서 우리 몫의 전리품을 만족할 만큼 챙겼
다. 분노에 차 있고, 정치적으로 조종당하기 쉬운 사람들이 생
겨나는 데 우리가 기여했는데도, 우쭐대고 멸시하는 태도로 방
관했다. 이제 우리는 그 결과를 받아들일 채비를 해야 한다."[8]

그러나 9.9%는 결코 그런 사실을 인정하지 않으려 할 것이
다. 왜 그런가? 자신의 능력으로 성공했다고 굳게 믿는 이른바
'능력주의 신화' 때문이다. 이에 대해선 나중에 자세히 이야기하
겠지만, 우선 스튜어트의 이 신화에 대한 단죄斷罪를 들어보자.
그는 "새로운 귀족 계층인 능력자 계층meritocratic class은 다른 사
람들의 자녀를 희생양으로 삼아 부를 축적하고 특권을 대물림
하는 오래된 술책을 터득했다"며 다음과 같이 말한다.

"우리는 이 시대에 점점 심각해지고 있는 부의 편중과 관련
해 아무 잘못도 없는 방관자가 아니다. 서서히 미국 경제의 목

을 죄고, 정치적 안정을 위협하고, 민주주의를 갉아먹는 과정의 주요 공범이다. 우리는 능력에 대해 크게 오해하는 바람에, 우리가 하나의 계층으로 부상할 데 따르는 문제의 본질을 인식하지 못하고 있다. 우리는 우리의 성공으로 인한 희생자들을 단순히 능력이 모자란 탓에 우리 계층에 진입하지 못한 사람들로 생각하는 경향이 있다. 하지만 우리가 벌이고 있는 이런 종류의 게임에서는, 결국 모두가 처참하게 패배한다는 것이 역사적으로 명백한 사실이다."[9]

나는 9.9%를 넘어 19.9%까지 문제 삼아야 한다고 생각하지만, 1%를 문제 삼는 게 당연하게 받아들여지는 현실을 감안해 9.9% 책임론도 환영한다. 그러나 미리 각오해야 한다. 9.9%나 19.9%에 속하는 사람들의 거센 반발을 말이다. 앞서 소개한 리브스의 책에 대해서도 미국 독자들이 "의미 없는 글", "계급 전쟁을 불러일으키려고 한다", "죄책감에 사로잡혀 있다"는 등의 반응을 보이며 그를 비난했다.[10] 그럴 만도 하다. 그간 1%를 맹공격하면서 나름의 풍요와 더불어 정의감까지 누려왔는데, 그런 자신을 '1%의 공범'이라는 식으로 몰아붙이니 어찌 화가 나지 않을 수 있겠는가.

스튜어트는 그런 심리가 "미국인들의 '듣기' 능력이 떨어지기 때문에 발생한다"고 그러는데, 이 점에선 한국인들도 비슷할 것 같으니 그의 설명을 경청해보자. "미국인들은 사회에 대한 비판과 개인에 대한 모욕을 잘 구분하지 못한다. 그런 탓에, 복합적인 기원을 지닌 광범위한 사회적 문제를 지적하는데도, 이를 읽는 독자들은 '가만, 내가 성공했다고 욕을 먹어야 한다는 거야'라고 반응한다."[11] 부디 한국에선 이렇게 생각하는 분들이 없기를 바라며, 다시 본론으로 돌아가보자.

"한국은 20%가 80%를, 50%가 50%를 착취하는 사회"

'1 대 99의 사회'라는 프레임은 '1% 개혁'마저 어렵게 만드는 함정이며, 이게 바로 오늘날 한국이 처해 있는 현실이다. 2014년 한국에서도 토마 피케티 열풍이 불면서 국세청의 과세 자료를 이용한 상위 1%, 10% 등의 소득 집중도 통계에 관한 연구가 이루어졌다. 연구 결과, 한국은 상위 10%의 소득 집중도가 이미 10년 넘게 세계 최고 수준이었고, 상위 1% 기준보다 상위 10% 기준의 불평등이 심각한 것으로 나타났다.

이 분야의 최고 전문가인 동국대학교 교수 김낙년은 2014년 12월 「한국의 개인소득 분포, 소득세 자료에 의한 접근」에서 4,000만 원 미만의 이자와 배당소득까지 포함해 소득 집중도를 산출해 기존 연구를 크게 보완했다. 이 보고서에 의하면 2010년 한국의 상위 10% 소득 집중도는 48.05%로 프랑스의 32.29%보다 매우 높고, 소득 불평등이 아주 심하다는 미국의 46.35%보다도 높게 나왔다. 한국의 상위 1% 소득 집중도는 12.97%로 높지만 미국의 17.45%보다는 낮고 영국의 12.55%와 비슷한 수준이었다.[*]

상위 10% 즉, 20세 이상 성인 인구의 10%인 380만 명에는 재벌, 대기업과 금융기관의 대주주·경영진 등의 고소득자에서부터 의사 등 전문직, 교수, 공무원, 괜찮은 자영업자, 금융기관·공기업 직원, 대기업 정규직, 생계형을 넘는 임대업자 등이 포함된다. 송현경제연구소장 정대영은 "이들 상위 소득자의 높은 소득은 자신이 열심히 일하고 시장의 경쟁을 통해서 얻어지는 부분도 있지만, 상당 부분이 정부의 특혜성 지원과 과보호 그리고 부실한 조세제도 등 법과 제도의 불공정성에 기인한다"고 말한다.[**]

---

[*] 정대영, 「불평등·불공정 줄여야 신뢰 사회」, 『경향신문』, 2015년 9월 3일. 한국의 소득 집중도는 제도와 통계상의 문제로 과소평가된 것이다. 이에 대해 정대영은 이렇게 말한다. "김낙년 교수의 의미 있는 연구 결과에도 이자 및 배당소득보다 규모가 훨씬 클 것인 주택 임대소득은 포함되지 못했다. 주택 임대소득은 1주택자에 대해서는 제도적으로 비과세하고 있고, 2주택자 등에 대해서는 관행적으로 세금을 걷지 않고 있다. 주택 임대소득의 규모와 분포는 과세 자료를 통해서 알 수 없게 되어 있다. 주택 임대소득을 포함한다면 한국의 상위 10%의 소득 집중도는 과거 인종 분리주의 국가로 양극화가 극심한 남아프리카공화국의 51%를 넘어 세계 최고 수준일 것이다."

더욱 심각한 건 불로소득이다. 국세청의 '2017년 귀속 양도소득과 금융소득' 자료를 보면, 부동산 양도차익과 금융소득 등 대표적인 불로소득이 135조 6,000억 원인 것으로 나타났다. 전년(112조 7,000억 원)보다 20%나 증가한 것이다. 물론 이런 불로소득은 거의 대부분 상위 10%의 몫이다. 개인별 소득을 파악할 수 있는 배당·이자소득(33조 4,000억 원)을 살펴보면, 상위 10%가 차지한 몫은 각각 93.9%와 90.8%에 달했다.[12]

이는 한국이 그 어떤 나라보다 '1 대 99의 사회'가 아니라 '10 대 90의 사회', 더 나아가 '20 대 80의 사회'를 기본 프레임으로 삼아

•• 정대영, 「불평등·불공정 줄여야 신뢰 사회」, 『경향신문』, 2015년 9월 3일. 정대영은 그 불공정성에 대해 이렇게 말한다. "재벌과 대기업에 대한 특혜는 잘 알려져 있지만, 금융기관도 엄격한 진입 장벽을 통해 독과점 이익을 보장받고 있다. 임대 사업자의 경우 주택 임대소득은 거의 세금을 내지 않고, 사무실 상가 등의 임대소득도 법인화를 통한 비용 처리와 상속 및 증여 등에서 큰 혜택을 보고 있다. 의사 등 전문직은 법에 의한 정원 규제와 업무 영역 보호 덕분에 고소득을 향유할 수 있다. 공무원은 정부 예산으로 괜찮은 임금과 고액 연금의 혜택뿐 아니라 정년까지 보장받고 있다. 교수는 공무원보다도 더 좋은 대우를 받고, 교수와 시간강사의 차이는 기업의 정규직과 비정규직의 차이보다 더 심하다. 공기업과 금융기관 직원은 정부의 지원과 보호 덕에 고임금을 받을 수 있다. 대기업 정규직의 높은 임금도 비정규직에 대한 차별과 하청기업의 어려움과 상당 부분 연결되어 있다. 한국은 불평등의 원천이 대부분 이러한 불공정이다. 그리고 불공정의 많은 부분이 법과 제도에 의해 만들어지고 일상화되어 있다. 따라서 단순한 복지 확대를 통해 불평등을 완화하는 것은 한계가 있고 비용도 많이 든다."

개혁에 임해야 한다는 걸 말해준다. 2019년 8월 통계청이 발표한 '2019년 2분기 가계 동향 조사 소득 부문(가계소득 조사)'에 따르면, 상·하위 20%의 소득 격차는 5.3배로 역대 최대를 기록했다.[13] 그런 소득 격차는 더욱 벌어지는 추세니, 아예 '50 대 50의 사회'를 문제 삼아야 할지도 모른다.

『불평등의 세대』(2019)의 저자인 서강대학교 사회학과 교수 이철승의 말을 빌리자면, "지금 우리 사회는 정규직 노조와 자본이 연대해서 하청과 비정규직을 착취하는 구조로, 1% 대 99%가 아니라 20%가 80%를, 또는 50%가 50%를 착취하는 사회"이기 때문이다.[14] 그는 "대기업 노조들은 대부분 임금 상위 20퍼센트에 속하는 최상층 임금 노동자 집단이 되었다"며 "노조들은 불평등의 '치유자'가 아닌, 불평등 구조의 '생산자' 혹은 '수혜자'로 변모했다"고 개탄한다.[15]

'노동귀족'은 '수구꼴통'의 용어인가?

그럼에도 진보적인 언론, 지식인, 정치인들이 불평등 문제에 대해 하는 말을 들어보라. 모두 다 재벌만 문제 삼는다. 그런 프레임에 이의 제기를 하면 '친재벌'로 몰리기 쉽다. '노동귀족'이란 말은 프리드리히 엥겔스Friedrich Engels, 1820~1895가 노동자계급 내부의 특권층을 지적하기 위해 쓴 말이지만, 한국에선 그 말을 쓰면 '반노조' 의식에 찌든 '수구꼴통'으로 간주되기 십상이다. 이게 바로 '1 대 99의 사회' 프레임이다. '노동귀족'은 '1 대 99의 사회', 즉 '재벌 대 노동자'의 구도라는 관점에서 보자면 언어폭력에 가까운 망발이지만, '20 대 80의 사회'의 관점에서 보자면 재벌이 빠지는 대신 '정규직 대 비정규직'의 구도가 형성되면서 반드시 문제 삼아야 할 개혁 대상이 될 수 있다.

이렇듯 어떤 프레임으로 접근하느냐에 따라 세상은 전혀 다르게 보이는데, 진보 진영은 오직 '1 대 99의 사회' 프레임에만 갇혀 있는 것으로 보인다. 진보 진영에서 '노동귀족'을 강하게 문제 삼은 이는 경제학자 김기원(1953~2014)이 거의 유일했다.[•] 대기업 노조의 '고용 세습'이 문제가 되었을 때에도, 보수 언론

● "박노자 교수는 현대자동차의 정규직 노동자들을 '귀족'이라고 부르는 것은 '어불성설'이라고 주장하고 있습니다.……엥겔스의 정의에 기초할 때 현대차 정규직은 충분히 '노동귀족'에 해당한다고 생각합니다.……박 교수는 현대차 정규직이 한 달에 270~280만 원을 받는다고 썼는데, 이는 사실이 아닙니다.……현대차 정규직 생산직의 평균 연봉은 이것저것 다 합쳐서 약 1억 원입니다. 이건 언론뿐만 아니라 현대차 직원을 통해서도 확인할 수 있고, 또 노조 간부 입을 통해서도 확인된 사실입니다.……박 교수는 또한 비정규직은 한 달에 100~150만 원을 받는다고 썼습니다. 이것 역시 부정확한 사실입니다.……현대차 사내 하청 비정규직 노동자의 평균 연봉은 6천만 원이 넘습니다. 그러니 월 평균으로 따지면 100~150만 원이 아니라 월 500만 원가량입니다." 김기원, 『개혁적 진보의 메아리: 경제학자 김기원 유고집』(창비, 2015), 109~111쪽.

만 펄펄 뛰며 비판했을 뿐 진보 언론과 지식인은 조용했다. 그러나 김기원은 이 문제도 외면하지 않았다.•

　그는 모든 노동 문제에 대해 '신자유주의' 타령을 전가의 보도처럼 쓰는 진보파의 무능과 무책임에도 일침을 가했다.•• 그는 "우리 진보 운동 진영의 적잖은 부분에서 보수 진영과 마찬가지로 열린 마음과 실사구시의 자세보다는 닫힌 마음과 과거의 관성이 판을 치고 있다"고 개탄하기도 했다.:•

　앞서 말했듯이, 1% 개혁론에만 집중하면 나머지 99% 내부의 격차와 불평등은 비교적 작은 문제로 여겨지고, 그마저 '1%

• "현대자동차 노조가 또 한 건 했습니다. 정규직 정년퇴직자 및 장기 근속자 자녀를 우선 채용토록 하는 단체교섭안을 제시한 것입니다. 제 식구를 참으로 알뜰히 챙기는 노조입니다.……회사는 정규직 노조와 한편으로 대립하지만 다른 한편으론 이미 일정한 유착 구조를 형성했습니다. 때문에 비록 세습 요구는 받아들이지 않을지 모르지만 정규직의 상대적 특권에 손을 댈 형편은 아닙니다. 노동자들을 정규직·비정규직으로 분리해 놓으면 이른바 '갈라치기divide and rule'도 용이하지요. 정규직 노동자의 자성을 요구하는 건 '쇠귀에 경 읽기' 같습니다. 아니 이렇게 말하면 지나치고, 사실 노동자가 자신의 이익을 넘어서는 성인군자가 되기를 기대하는 셈입니다. 비정규직이 자신을 고용의 안전판이고, 그들이 낮은 대우를 받음으로써 자신들이 특권을 누리는 측면이 없지 않은 상황입니다. 제 코가 석자인데 어찌 남의 사정까지 고려하는 성인군자가 되겠습니까. 인간에겐 이기심 말고 이타심도 있다고 하지만, 오늘날 한국같이 탁한 사회에서 어찌 노동자에게만 이타심을 촉구할 수 있겠습니까. 세습 요구가 들어간 교섭안에 대해 노조 대의원 355명 중 150명이나 반대했

다는 것만 해도 장합니다. 소돔과 고모라에서는 의인 10명도 찾기 힘들었다는데, 현대차에서는 '부끄러움'을 아는 대의원이 절반 가까이 되었다는 것만 해도 대단하지요. 하지만 이런 비율은 시간이 갈수록 줄어들 가능성이 큽니다. '창피는 순간이고 이익은 영원하다'는 생각에 점점 물들 테니까요." 김기원, 『개혁적 진보의 메아리: 경제학자 김기원 유고집』(창비, 2015), 99~102쪽.

●● "대기업 정규직 노조는 노동시장의 공정한 경쟁을 저해하는 수구세력으로 되어가고 있습니다. 복지 확대를 요구하는 장하준 교수가 한편으로 재벌 체제를 옹호하는 수구파인 것처럼, 대기업 노조는 노동을 대변하는 진보파인 것 같으면서 동시에 부당한 특권을 유지하려는 수구파로 변질해가고 있는 셈입니다. 대기업 노조는 이와 같이 특권을 누리고 있기 때문에 그 특권을 상실하게 되면 격렬하게 저항합니다. 1998년 현대차, 2000년 대우차, 2009년 쌍용차에서 대량 해고를 둘러싼 처절한 분규를 떠올려보십시오. 중소기업에서도 경영 상황에 따라 해고가 일상적으로 일어나지만 그로 인한 대립은 별로 치열하지 않습니다. 노동자의 힘이 미약하기도 하지만, 노동자가 다른 회사로 취직하면 되기 때문이기도 합니다. 잃을 게 크지 않지요. 이에 반해 대기업 노동자는 해고당하면 특권을 상실합니다. 다른 대기업에 들어가기는 하늘의 별따기이고, 중소기업에 취직하자니 예전과 처지가 크게 달라지지요. 그래서 격렬하게 저항합니다. 경영상 고용 조정이 불가피할 때도 막무가내입니다. 우리의 진보파는 이런 고용 조정에 대해 신자유주의 운운하면서 비판합니다. 하지만 경영 상황이 악화되었는데도 고용을 그대로 유지하라는 건 사회주의 기업처럼 이윤이나 손실 따위를 무시할 수 있을 때의 이야기입니다." 김기원, 『개혁적 진보의 메아리: 경제학자 김기원 유고집』(창비, 2015), 103~104쪽.

●● "우리 시민운동에서도 이제 운동 방식의 타성을 바로잡을 때가 되었습니다. 그냥 불쌍한 사람이나 극단적인 투쟁을 하는 사람들 돕는 게 아니라 근본 문제에 정면 승부할 때가 되었습니다. '현대차 정규직은 임금은 30% 깎고 협력업체 노동자는 임금을 50% 올리자', '협력업체 그만 쥐어짜자'('협력업체도 숨 좀 쉬자'도 괜찮습니다), 우리 진보적 시민단체들이 이런 걸 내걸고 울산으로 가고, 더 나아가 부당하게 높은 대우를 받고 있는 공기업 앞에 가서도 요구를 전달하면 어떨까요. 참여연대든 교수단체든 제가 쓴 글을 읽고 운동 노선을 재정비할 수 있었으면 하는 마음입니다." 김기원, 『개혁적 진보의 메아리: 경제학자 김기원 유고집』(창비, 2015), 126쪽.

개혁'을 완수하는 그날까진 해결이 유예되어야 한다. 그 누구도 감히 '1% 개혁'을 언제까지 완수할 수 있다는 말은 하지 못한다. 죽을 때까지 99% 내부의 격차와 불평등 문제를 외면하자는 것이나 다를 바 없다. 1% 개혁과 20% 개혁은 상충되지 않으며 동시에 병행할 수 있음에도,* 왜 1% 개혁을 이룬 후에 나머지 19%에 대한 개혁에 나서자는 걸까? 힘의 집중을 위해서? 아니나. 정반대나.

1% 개혁은 그 프레임 자체가 착각이나 위선에 기반하고 있기 때문에 성공할 수도 없다. 오히려 20% 개혁이 1% 개혁의 동력이 될 수 있다는 점이 중요하다. 그 어떤 계층도 '양보' 없이 불평등을 완화시키는 건 불가능하다. 19%가 스스로 양보하거나 양보를 강요당하는 변화가 있을 때에 비로소 1% 개혁도 가

----

* 이와 관련, 김기원은 이렇게 말한다. "노동자 사이의 부당한 격차 또는 노동귀족 문제가 제기되면 재벌이나 투기의 문제를 먼저 따져야 하지 않느냐고 하는 분들이 있습니다. 그 지적은 일단 올바릅니다.……그러나 노동귀족 문제를 바로잡는 것은 자본귀족 문제를 바로잡는 것과 상충하는 문제가 아닙니다. 제가 늘 강조해왔듯이, 우리 사회에서 진보(X축)의 과제가 개혁(Y축)의 과제와 이율배반적인 것이 아니라 상호보완적인 것과 마찬가지입니다. 그런데도 우리 사회에서는 많은 분들이 한쪽 과제만을 강조하고 다른 과제는 무시하고 있는 형편이지요." 김기원, 『개혁적 진보의 메아리: 경제학자 김기원 유고집』(창비, 2015), 167쪽.

능해진다. 그래야 1% 개혁 정책도 시늉이나 제스처로 그치지 않고 실천 가능성이 높아진다.

"높은 중산층 기준을 갖고 자학하는 한국인"

서울올림픽이 열린 해인 1988년 경제기획원 조사에서 국민 60%는 자신이 중산층이라고 답했고, 1989년 갤럽 조사에서는 스스로 중산층이라고 여기는 비율이 75%에 달했다.[16] 하지만 이후 체감 중산층 비율은 쪼그라들기 시작했다. 통계청의 '2013년 사회조사 결과'에 따르면, 가구주의 소득·직업·교육·재산 등을 고려한 사회경제적 지위를 중간층이라고 응답한 국민이 51.4%, 하류층이라고 판단해 응답한 가구주는 46.7%였다.[17] 2013년 다른 조사에선 응답자들은 평균 자산 10억 원, 연봉 7,000만 원 이상은 되어야 중산층이라고 답했다. 그래서 "국민 대부분이 '비현실적'으로 높은 중산층 기준을 갖고 자학하는 수준이다"는 분석이 나왔다.[18]

2015년 12월 NH투자증권 100세시대연구소가 경제협력개발기구OECD와 통계청의 기준에 따라 중산층으로 분류되는 사람들을 대상으로 한 조사에선 79.1%가 자신은 '중산층 아래'라고 했고, 단지 1.2%만 '중산층 위'라고 했다. 중산층이 맞다는 사람은 19.8%에 불과했다.[19] 2019년 1월 『조선일보』가 SM C&C '틸리언 프로Tillion Pro'에 의뢰한 설문조사에선 "당신은 고소득층·중산층·저소득층 가운데 어느 계층에 속해 있습니까"라고 묻자 2,464명(48.9%)이 '저소득층'이라고 답했다. '중산층(48.7%)'을 근소한 차이로 앞질렀고 '고소득층'은 2.4%로 나타났다.[20]

이는 불안과 비교 때문에 빚어진 일이다. 상위 20%도 다를게 없다. 최상위 1%를 제외한 19%에 속하는 사람들은 끊임없이 상향 비교를 통해 상대적 박탈감을 느끼면서 오히려 자신은 더 많이 가져야 한다고 생각한다. 전국경제인연합회 산하 한국경제연구원이 고용노동부 '고용형태별 근로실태조사'의 근로자 1,544만 명 자료를 분석한 결과를 보면, 2018년 근로자 평균 연봉은 3,634만 원이었다. 연봉 1억 원 이상은 49만 명으로 전체 근로자의 3.2%를 차지했고, 상위 10%(10분위)의 연봉 하한선은 6,950만 원, 상위 10~20%(9분위)의 평균 연봉 하한선은 5,062만 원, 20~30%(8분위)는 4,064만 원, 30~40%(7분위)는 3,380만 원인 것으로 나타났다. 저소득 그룹인 70~80%(3분위)는 1,988만 원, 80~90%(2분위)는 1,562만 원, 하위 10%는 689만 원이었다.[21]

연봉 5,000만 원이 넘는 사람에게 물어보라. 자신이 상위 20%에 속한다는 걸 결코 인정하지 않을 것이다. 연봉 7,000만 원이 넘는 사람도 자신이 상위 10%에 속한다는 걸 결코 인정하지 않을 것이다. 이 통계엔 한계가 있으므로 다른 통계를 적용해보자. 2018년 한국장학재단의 소득분위 자료에선 9분위의 월 소득 인정액 하한선이 약 904만 원이었고, 10분위는 약 1,356만 원이었다. 가구 연소득으로 1억 원 언저리면 상위 20%인 셈이다.[22] 연소득 1억 원 언저리에 속하는 사람들은 자신이 상위 20%에 속한다는 걸 흔쾌히 인정할까? 그럴 것 같진 않다. 물론 자산도 따져보아야 할 문제이지만, 여기서 말하고자 하는 건 불평등 완화를 위해 상위 20%에 대해 무엇을 요구한다는 건 엄청난 저항을 불러일으킬 것이라는 점이다.

"고위 공직자 절반이 상위 5% 부자"

그 어려운 일을 다루어야 하는 게 정치의 역할이지만, 정치는 상위 20%가 지배하고 있다. 전문가 집단도 상위 20%에 속하는 사람들이다. 1% 개혁의 주체는 사실상 정책을 만들고 여론에 절대적 영향을 미치는, 고위 관료와 각종 전문직 집단으로 대변되는 19%에 속하는 사람들이다. 이들이 자신의 기득권 유지를 전제로 만들어내는 1% 개혁안은 결코 성공할 수 없다.

바로 여기서 '강남 좌파'가 문제가 된다. 조국에게만 강남 좌파 딱지를 부정적 의미로 붙이는 건 부당하거니와 어리석다. 상위 20%에 속하는 좌파는 다 강남 좌파로 보아야 한다. 물론 상위 10%로 좁힐 수도 있지만, 내가 중요하게 생각하는 건 강남 좌파에 대한 엄밀한 정의가 아니라 정치인과 관료 등 정책 결정에 큰 영향을 미치는 집단의 '다양성' 가치에 대한 문제의식이다.

미국 뉴욕대학 정치학 교수 버나드 마넹Bernard Manin은 "사실상, 오늘날 정치라는 무대를 지배하고 있는 (혹은 점점 그렇게 할) 사람들은 그 사회의 진정한 반영이 아니다"면서 "오늘날 우리가 목격하고 있는 현실은 단지 '새로운 엘리트의 부상과 다른 엘리트의 퇴조'일 뿐이다"고 말한다. 마넹은 이어 "한 엘리트가 다른 엘리트로 대체되는 것 이상으로 위기의식을 불러일으키고 있는 것은, 통치를 받는 사람과 통치하는 사람 사이의 간극의 지속, 혹은 그것의 심화이다. 현재 진행되고 있는 사태는 대의제가 통치자와 피통치자 간의 동일성을 더욱 진작시킬 것이라는 생각이 그릇된 것임을 보여준다"고 말한다.[23]

이는 비단 마넹뿐만 아니라 전 세계의 많은 민주주의 전문가가 제기하고 있는 문제다. 이런 문제 제기는 한국의 '강남 좌파'가 그런 변화 없는 '엘리트 순환'의 수호신으로 기능할 수 있다는 가능성을 부각시킨다. 거칠게 말하자면, '강남 좌파'로 불리게끔 만든 좌파 담론 또는 제스처가 정치 엘리트들 간의 '밥그릇 싸움'을 무슨 심각한 이념 투쟁인 양 포장하는 효과를 내고 있지 않느냐는 것이다.

이른바 '필수적 다양성의 법칙law of requisite variety'이라는 게 있다. 어떤 조직이나 집단이 성공하기 위해선 그 구성원이 사회의 다양성을 반영해야 한다는 원칙이다.[24] 쉽게 말해 전체 인구의 절반이 여성인데, 특정 조직이나 집단의 구성원, 특히 상층부가 남성 일색으로 구성되어선 안 된다는 것이다. 정책 결정을 하는 집단에 가장 필요한 건 계급적 다양성이다. 그런데 그런 집단이 상위 10%나 20%에 속하는 사람들로만 구성된다면 어떤 일이 벌어지겠는가?

2015년 3월 국회·대법원·헌법재판소·중앙선거관리위원회·정부공직자윤리위원회가 관보에 공개한 소속 고위 공직자 2,302명의 정기 재산 변동 신고 내역을 보면, 행정·입법·사법부를 통틀어 우리나라 고위 공직자의 절반이 상위 5% 자산가인 것으로 나타났다. 순자산이 9억 원을 넘는 고위 공직자는 1,100명으로 47.8%에 이르렀다.

반면 통계청·금융감독원·한국은행이 공동으로 조사한 '2014 가계금융·복지 조사'(2014년 3월 기준)를 보면, 가구당 순자산이 9억 원 이상인 가구는 5.1%에 그쳤다. 일반 국민 100가구 중 5가구에 불과한 순자산 9억 원 이상 고액 자산가 그룹에 고위 공직자는 절반가량이 포함된 것이다. 각 분야별 상위 5% 자산가 비중은 법조계 71.3%(202명 중 144명), 국회의원 62.3%(292명 중 182명), 행정부(중앙부처·지방자치단체) 43.1%(1,790명 중 771명)였다.[25]

2017년 4월 정부공직자윤리위원회·대법원·헌법재판소가 공개한 '2017년 정기 재산 변동 공개' 내역을 보면, 2016년 말 기준 국회의원과 행정부처 1급 이상 고위 공직자, 고등법원 부장판사 이상 고위 법관과 헌법재판관 등 2,276명의 평균 순자산(자산−부채)은 17억 3,800만 원으로 전체 국민 평균치의 5.9배에 이르는 것으로 집계되었다. 국회의원들로 범위를 좁히면 1인당 평균 37억 2,800만 원으로 일반 가구 평균의 12.6배에 달했다.[•]

물론 이는 수백억대의 재산을 가진 부자 국회의원들로 인해 좀 부풀려진 통계이긴 하지만, 국회의원의 계급 구성이 다양하지 못하며, 강남 좌파가 많다는 건 분명한 사실이다. 2019년 3월 정부공직자윤리위원회가 공개한 '2019년 공직자 정기 재산 변동 사항(2018년 말 기준)'에 따르면, 김병관 더불어민주당 의원(2,763억 원), 김세연 자유한국당 의원(966억 원), 박덕흠 자유한국당 의원(523억 원) 등 기업인 출신 국회의원인 이른바 '슈퍼리치 3인방'을 제외한 국회의원 286명(현직 장관은 제외)의 재산 평균은 23억 9,767만 원이었다.[26]

• 노현웅, 「고위 공직자 재산, 일반 국민의 6배…"민생을 알까"」, 『한겨레』, 2017년 4월 10일. 고위 공직자의 재산 공개는 직계 존·비속의 재산 공개를 거부하는 경우가 많고, 부동산 등 자산의 평가 기준이 실거래가보다 낮은 공시지가라는 점을 감안하면 일반 국민들과의 자산 격차는 더 벌어진다.

1% 비판에 집중하는 '진보 코스프레'

대학 입시 전쟁으로 인한 온갖 교육 문제가 해결되기는커녕 날로 악화되는 이유 중의 하나도 '필수적 다양성의 법칙'이 전혀 지켜지지 않는 것과 깊은 관련이 있다. 정책 결정 엘리트의 대부분이 학벌주의의 수혜자이기 때문에 이들은 이 문제에 대한 문제의식이 결여되어 있거나 내심 "이대로가 좋은데 뭐가 문제라는 거야?"라는 생각을 한다.

　2016년 10월 기준 '고위 공무원단' 1,411명 중 이른바 'SKY(서울대학교·고려대학교·연세대학교)' 출신은 780명으로 전체의 55.2%(서울대학교 33.7%)나 된다. 2013년 48.0%에서 오히려 늘었다. 대법원이 2016년 신규 임용한 경력 법관 가운데 84%, 20대 지역구 국회의원 253명 가운데 48.2%(122명)가 이 3개 대학 학부 출신자들이었다. 또 500대 기업 최고경영자의 절반이 이 3개 대학을 나왔고(2015년), 4년제 이상 대학 총장의 30% 이상이 서울대학교 졸업자였다(2009년 기준).[27]

　우리는 진보 정권이 들어서면 문제가 좀 나아질 것이라고 기대하는 경향이 있지만, 실상은 정반대다. 학벌은 돈 많은 보수 엘리트보다는 돈이 비교적 적은 진보 엘리트에게 더 필요하기 때문에 진보 정권이 심한 학벌주의 경향을 보인다. 박근혜 정부 집권 1년차인 2013년 조사에서 SKY 출신은 220명 중 111명으로, 전체의 50.5%였던 반면 문재인 정부 출범 100일 조사에선 파워 엘리트 213명 중 서울대학교 90명, 고려대학교 24명, 연세대학교 16명 등 전체의 61%(130명)가 SKY 출신이었다.

2019년 5월 『경향신문』이 문재인 정부 취임 2주년을 맞아 고위직 232명의 출신 대학을 분석한 결과 SKY 출신은 서울대학교 99명, 고려대학교 24명, 연세대학교 26명으로 조사되었다. 전체의 64.2%(149명)에 달하는 수치다. 이는 문재인 정부 출범 100일 때 『경향신문』이 조사했던 61%(213명 중 130명)보다 3.2%포인트(19명) 늘어난 것이다. 청와대 대통령비서실의 주요 인사 16명 중 9명, 18개 부처 장관 중에 3분의 1이 넘는 7명이 SKY 출신이었다.[28] 박노자의 말마따나, "강남 우파가 해먹든 강남 좌파가 해먹든 학벌 엘리트들이 여전히 한국 사회를 요리하고 있는 것이다".•

좋은 대학을 나온 건 칭찬할 일이지 결코 흉볼 일이 아니다. 문제는 그런 집중으로 인한 '특혜'의 집중이다. 민주화 투쟁 경

• 박노자의 말을 더 들어보자. "극우 진영을 보든 자유주의 진영을 보든 학벌주의 지속 현상은 그다지 큰 차이가 없다. 2016년 총선 결과를 보면 253개의 지역구 당선자들 중 서울대 출신이 67명이나 됐다. 새누리당이든 더불어민주당이든 서울대 출신 당선자 비율은 크게 다르지 않았다. 이건 초당파적인 현상이라고 볼 수 있다." 박노자, 『전환의 시대』(한겨레출판, 2018), 175쪽.

력이 화려하다고 해도 누구나 국회의원이 될 수 있는 건 아니다. 그런 기회는 좋은 학벌을 가진 사람들에게 집중된다. 대학 지원도 다를 게 없다. 2017년 서울대학교·연세대학교·고려대학교 3곳에 지원된 국비 지원액은 1조 3,333억 원인데, 이는 전체 고등교육기관에 지원하는 총지원액인 13조 465억 원의 10%를 웃도는 규모였다. 전체 대학생 가운데 이들 3곳 대학에 다니는 재학생 비율은 고작 3.5%에 불과했는데도 말이다.[29]

한국에서 학벌은 부익부빈익빈富益富貧益貧의 주요 이유인지라, 날이 갈수록 SKY, 의대, 로스쿨에 부잣집 자식이 많아지는 건 당연한 일이라 하겠다. 2019년 9월 한국장학재단의 통계에 따르면, 국내 의대에 다니는 학생의 절반가량은 가구 소득이 9·10분위에 속하는 고소득층 자녀들인 것으로 나타났다. SKY도 재학생 10명 중 4명은 가구 소득이 9·10분위인 집안의 자녀들이었다.[30] 2019년 법학전문대학원(로스쿨) 신입생 10명 중 5명은 SKY 출신이었다.[31]

이 정도면 왜 강남 좌파가 '1 대 99의 사회'를 외치는지 이해할 만하지 않은가. 이들이 외치는 진보는 부지불식간에 자신의 경제적 기득권 유지를 전제로 한 것일 가능성이 높다. 그래서 진보 정책의 주요 '의제 설정'이 경제적 불평등 해소와는 거리가 먼 방향으로 이루어지는 경향이 있다. 합리적 보수 논객이라고 할 수 있는 공병호는 『좌파적 사고: 왜, 열광하는가?』(2019)라는 책에서 "좌파적 사고로 무장한 사람들은 평등을 최고의 가치로 여긴다"고 진단하면서 이에 대해 비판했지만,[32] 오늘날 한국의 좌파는 결코 그렇지 않다. 진영 논리엔 열광할망정, 평등엔 무관심하다. 경제적 불평등을 외면한 진보가 진보일 수 있을까? 그것도 진보라면 그건 '진보 코스프레'라고 부르는 게 옳지 않을까?

그런 '진보 코스프레'가 꼭 기득권 때문만에 이루어지는 건 아니다. 진영 논리도 작동한다. 자기 진영 내부에 긴장과 갈등을 일으킬 수 있는 주제보다는 진영 논리에 충실한 '모범 답안'만 이야기하려는 안전의 욕구가 1% 비판만 하게 만든다. 자신도 포함되는 19%에 더 많은 세금을 거두어야 한다는 주장은 끼리끼리 어울리는 주변 사람들을 불편하게 만들 수 있다. 그래서 모두를 만족시킬 수 있는 1% 비판에 집중하는 것, 이게 바로 이 책을 쓰는 나도 가끔 저지르는 '진보 코스프레'의 정체다.

'부의 세습'을 정당화하는 '능력주의 신화'

'1 대 99의 사회'라는 프레임을 유지시키는 이념적 방어 메커니즘은 바로 능력주의 신화다. 이른바 '개천에서 용 나는 모델'이다. 이 모델은 고성장 시대엔 제법 잘 작동했다. 가난한 집 아이들도 명문 대학에 들어가 신분 상승을 꾀하는 '코리언 드림'의 실현이 꽤 이루어졌다. 그러나 이제 저성장 시대를 맞아 이 모델은 더는 유효하지 않거니와 많은 사람이 그걸 잘 알고 있음에도 이 모델은 여전히 건재하다.

지능과 노력이라는 능력에 의해 부와 사회적 지위가 부여되는 사회인 능력주의meritocracy는 출신과 배경에 의해 부와 사회적 지위가 부여되는 사회인 귀족주의aristocracy의 반대 개념으로 등장해 처음엔 진보적 이념으로 간주되었지만, 시간이 흐르면서 사실상 귀족주의와 다를 바 없는 것임이 드러났다.

이 문제를 본격적으로 제기한 최초의 학자들 중 한 명인 프랑스의 사회학자 피에르 부르디외Pierre Bourdieu, 1930~2002가 프랑스를 사례로 들어 분석한 내용을 살펴보자. 부르디외의 주장을 요약해 소개하자면 이런 내용이다.

교육은 사회적 불평등 유지와 강화에 기여한다. 특히 고등교육 시스템은 특권을 부여하고, 지위를 할당하고, 기존 사회제도에 대한 존경을 배양시키는 기능을 수행한다. 형식적인 평등에 대한 광범위한 신념은 지배계급이 그 지위를 공개적으로 자식에게 물려주는 걸 어렵게 한다. 새롭고 더욱 신중한 사회통제와 지위 상속 수단이 있어야만 했다. 그것이 바로 고등교육의 '능력주의 시스템'이다. 그래서 지배계급의 이해관계는 민주주의 이데올로기의 원칙을 훼손하지 않으면서 보존될 수 있게 되었다. 계급적 이해관계를 교육적 위계질서에 떠넘김으로써 사회적 위계질서의 재생산을 할 수 있게 된 것이다.[33]

부르디외가 짐작으로 그런 주장을 한 건 아니다. 그가 조사한 바에 따르면, 프랑스에서 대부분의 대학 졸업장은 상류계급 출신에게 돌아가고, 농민·노동계급 자식들에겐 거의 가지 않는다. 그가 실시한 한 조사 결과에 따르면, 회사 간부 자녀들의 58%가 대학에 진학하는 반면 농민의 자녀는 1.4%만이 대학에 진학한다. 돈뿐만이 아니라 교육도 '상속'되고 '유전'되는 것이다.[34]

부르디외는 어떻게 교육의 구조적 조건이 계급적 이해관계와 이데올로기를 구현하고 문화적 자본의 불평등 분배를 재생산하며, 왜 교육 시스템 그 자체가 교육적 수행과 획득의 불평등 수준을 촉진하는지에 깊은 관심을 기울였다. 물론 교육을 통해 사회구조에서 상승한 사람들이 없는 건 아니다. 그러나 그들은 극소수다. 그들은 기본적인 변화를 시사하는 것도 아니고 계급 관계 구조의 내재적 신축성을 시사하는 것도 아니다. 오히려 부르디외가 보기엔 극소수에게나 허용되는 교육적 성취를 통한 사회적 이동성은 그 홍보 효과로 사회적 안정에 기여할 뿐이다.

능력주의 신화는 미국에서도 각종 통계 수치로 입증되었다. 2004년 워싱턴의 정책연구소인 센추리재단Century Foundation 조사를 보면, 미국 가정을 사회경제적인 등급에 따라 4등분했을 때 전국 146개 명문대 학생들 중 3%만이 가장 낮은 등급에 속해 있으며 최상위 등급에 속하는 학생은 74%인 것으로 나타났다. 고등교육을 받은 미국의 엘리트는 겉으론 능력에 의해 성장한 것으로 보이지만, 실제로는 세습에 의해 신분이 결정되는 새로운 '세습된 능력 계급hereditary meritocratic class'인 것이다.[35]

요컨대, 능력주의는 다음과 같은 이유로 인해 신화에 지나지 않는 것이라고 할 수 있다. "능력을 이겨버리는 비능력적 요인들, 즉 차별적 교육 기회, 불평등한 사회적 자본과 문화적 자본, 특권의 상속과 부의 세습, 개인의 능력으로는 도저히 손쓸 방법이 없는 불가항력적인 요인들, 자영업자의 자수성가를 방해하는 대기업, 편견에 의한 차별 등은 모두 능력주의 시스템을 방해하는 요인들이다."[36]

능력주의 사회는 빈부 격차에 가장 둔감한 사회

이렇듯 능력주의 사회는 원래의 취지처럼 실현될 수 없는 것임이 분명함에도 모든 사람은 다 성공할 수 있는 동등한 기회를 가졌으며 성공은 각자 하기에 달린 것이라는 신화는 여전히 큰 힘을 발휘하고 있다. 능력주의는 가난과 불평등의 문제를 사회적 이동성의 문제로 둔갑시켜버리는 효과를 낸다. 능력주의 시스템에 의해 생산되는 불평등은 계층 이동성을 죽일 정도로 심해지게 되어 있으며, 능력주의와 과두제Oligarchy는 분리할 수 없다는 의미에서 '능력주의의 철의 법칙The Iron Law of Meritocracy'이 작동하게 되어 있다.[37]

능력주의 사회는 부자나 빈자 모두에게 자기 정당화 효과를 발휘하게 되어 있기 때문에 그런 비극은 좀처럼 교정되지 않는다. 부자는 자신의 능력 때문에 부사가 되었다고 할 것이고, 빈자도 자신의 능력의 한계 때문에 빈자가 되었다고 할 게 아닌가 말이다. 학벌 차별 문제도 마찬가지다. 2019년 10월 1일 국회의원회관 제2세미나실에서 열린 '특권 대물림 교육체제 중단 국회 토론회'에서 한 학부모가 눈물을 글썽이며 한 다음 말을 들어보라.

"울산대 앞에서 출신 학교 차별금지법 제정 서명 캠페인을 한 적이 있어요. 지방대이니만큼 이 법에 찬성할 것이라고 생각했지요. 그런데 의외로 반대하는 쪽에 학생들이 스티커를 많이 붙이더라고요. 법에 대해 설명을 해줬어요. 그런데 학생들이 '스카이 대학 나온 애들은 그만큼 성실하고 머리 좋고 실력 좋으니 특별대우 받는 것이 공정한 것 아니냐'고 말하는 겁니다. 도대체 우리 기성세대는 이 젊은 지방 대학생들에게 그동안 무슨 짓을 한 걸까요?"[38]

그렇다. 이게 바로 능력주의 신화의 마력이다. 일단 이 신화에 감염되면 그 어떤 특권도 정당한 것으로 간주하는 심성을 갖게 되고, 자신이 할 일은 오직 그 특권의 영역으로 진입하는 것뿐이라는 생각을 하게 된다. 이런 식으로 능력주의 사회는 빈부 격차에 가장 둔감한 사회가 될 수 있다. 이런 이유로 미국 정치철학자 존 롤스John Rawls, 1921~2002는 능력주의 사회를 배격한다. 능력주의 사회가 민주적일진 몰라도 공정성fairness에 위배된다는 이유 때문이다. 다른 건 다 제쳐놓더라도 출발 지점에서부터 계급 간 격차가 존재하는 데 어떻게 공정할 수 있겠느냐는 이야기다.[39]

불공정은 그 수준에 그치지 않는다. 미국은 고등교육 '소비' 규모가 세계에서 가장 큰 나라다. GDP의 2.75%를 차지하는데, 이는 유럽 국가들의 2배에 이르는 수치다.[40] 또한 미국은 고등교육에 가장 돈을 많이 지원하는 국가다. 그 돈은 사회복지를 희생으로 한다. 사회복지에 들어가야 할 돈이 교육 분야에 쓰이는 것이다. 물론 국가경쟁력 강화를 위해서라는 명분을 앞세우기 때문이다. 그렇게 해서 미국이 세계 최강대국이 된 건 좋은 일이지만, 미국이 선진 21개 국가 중 사회복지는 꼴등이라는 점은 어떻게 이해해야 할 것인가?[41]

대학, 그것도 좋은 대학을 간 사람일수록 국가 지원이라는 혜택은 크게 누리는 반면, 대학을 가지 않았거나 서열 체계에서 낮은 곳에 속하는 대학을 간 사람들이나 아예 대학을 가지 못하는 사람들은 자신들이 누려야 할 몫도 누리지 못하는 게 아닌가. 이게 과연 공정한 게임인가? 한국에서도 당연히 제기되어야 할 문제라 하겠다.

한국에서도 능력주의 사회의 허구성에 대한 많은 연구와 비판이 이루어져왔는데, 그런 비판을 압축시켜 상징적으로 표현한 것이 바로 최근 청년 세대를 중심으로 유행한 '수저론'이다. 하지만 이미 왜곡된 능력주의 사회 구조의 덫에 갇힌 개인으로선 사회에서 인정되는 더 많은 '능력'을 갖기 위해 치열한 경쟁을 벌이고 있는 게 현실이다. 이 경쟁은 우선적으로 명문대에 진학하기 위한 입시 전쟁으로 나타나고 있는데, 미국에서 통용되는 "명문대에 입학하는 길은 우편번호에 달렸다"는 말은 한국에서도 그대로 적용되었다.

동국대학교 교수 조은은 수능 점수에 따른 대학의 서열은 거의 학부모의 사회적 지위와 같이 가고 있기 때문에 웬만한 사회학자는 대학의 순위에 맞춰 학부모들의 직업과 소득, 학력, 거주지까지 어느 정도 맞힐 수 있다고 했다.[42] 그러니 우리 국민의 90%가 "특권 대물림 교육이 심각하다"고 생각하는 건 당연한 일이라 하겠다.[43]

정파적 싸움으로 탕진한 '조국 사태'

좋은 학벌을 갖기 위한 학벌 전쟁이 공정하게만 이루어진다면 그것도 해볼 만한 일이긴 하지만, 공정은 없다. 이는 미국도 마찬가지여서, 리처드 리브스는 '유리 바닥Glass Floor'이란 개념을 제시한다. 이는 사회적 자본을 축적한 기득권층이 자신들에게 유리한 정책을 통해 사회·경제적 신분의 하락을 막으려 만들어놓은 방지 장치를 뜻한다. 그는 불공정한 대학 입학 제도와 인맥·연줄이 중요한 인턴제도 같은 기득권층의 '기회 사재기 Opportunity Hoarding'가 계층 이동을 막는 유리 바닥을 만들고 있다고 지적했다.[44]

한국에서 성행하는 '기회 사재기' 방식 중 하나는 이른바 '스펙 품앗이'다. 상위 20%에 속하는 사람들이 자기들 간의 인맥을 최대한 활용해 자녀들의 스펙을 만들어주는 걸 말한다. 대오교육컨설팅 대표 오기연은 "특히 부모가 교수·의사·사업가 등 고소득 전문직이고 서로를 잘 아는 특목고 유학반에서 성행했다"며 "제약회사 임원인 아버지는 연구소 투어를 시켜주고, 대학교수 아버지는 학교 연구소에 인턴이나 자원봉사자 기회를 주는 식"이라고 했다. 한 입시 전문가는 "'스펙 품앗이'는 교수 사회에서 이미 공공연한 관행"이라고 했다.*

사정이 그렇다 보니, "누가 조국 가족에 부끄럼 없이 돌 던질 수 있겠는가"라는 말도 나왔으며,[45] 조국 지지자들은 "다들 조국처럼 살아왔는데 왜 조국만 때리냐"고 항변했다.[46] 일리 있는 주장일망정, 이게 바로 '1 대 99의 사회'라는 프레임의 함정이다. '20 대 80의 사회'라는 관점에서 보자면, 상위 20% 밖의 사람들에겐 그렇게 할 기회조차 없기 때문이다.

'조국 사태'의 와중에서 그런 '기회 사재기'가 문제가 되자, 더불어민주당 대표 이해찬은 국회의원 자녀의 입시 비리에 대해 전수조사 할 것을 제안했다. 자유한국당 등 야당도 이 제안에 "거리낄 게 없다"며 긍정적 반응을 보이자, 이게 정말 실현될 것 같은 분위기가 조성되기도 했다.[47] 전수조사가 제대로 이루어진다면 정말 볼 만한 진풍경이 벌어질 게 틀림없다. 그러나 그런 일은 일어나지 않을 게다. 여야를 막론하고 자멸의 길로 갈 것임을 그들이 잘 알고 있기 때문이다.

문재인 정권 1기 인사를 생각해보라. 장관 또는 후보자 17명 중

● 천인성·전민희·박형수, 「교수 아빠·임원 아빠 스펙 품앗이…부모가 대입용 대회 신설」, 『중앙일보』, 2019년 8월 27일, 14면; 박세미·원선우, 「스펙契로 자녀에 '황제 스펙'…386 교수 '그들만의 캐슬'」, 『조선일보』, 2019년 8월 23일, A8면. 교수 미성년 자녀들의 논문 공저자 등재와 대입 활용도 심각한 문제인데, 지금까지 확인된 미성년 공저자 논문은 총 794건이었다. 「[사설] 미성년 자녀들에게 논문 '상속'한 교수들, 교육자 맞나」, 『경향신문』, 2019년 10월 18일, 31면.

6명(35.3%)이, 청와대 수석비서관과 보좌관 15명 중 6명(40%)이 교수 출신이었다. '교수님 정부'라는 별명이 어색하지 않을 정도로 내각과 청와대에 교수가 넘쳐났다. 학생들을 가르치는 교수니 도덕성 수준도 비교적 높았어야 했겠지만, 사정은 전혀 딴판이었다. 보통 사람들보다 훨씬 못했다.[•]

우리는 경제적 불평등이라고 하면 곧장 신자유주의나 자본주의를 원흉으로 지목한다. 일견 맞는 말이지만, 불평등의 해소나 완화를 목표로 삼으면서 생각하면 답은 오히려 정치적 불평등이라고 보는 게 진실에 가깝다. '조국 사태'는 그런 문제의식을 의제화할 수 있는 좋은 기회였지만, 정치권, 언론, 아니 일반국민들까지 '친조국이냐, 반조국이냐' 하는 정파적 이전투구泥田

• 『중앙일보』 논설위원 고대훈은 "고매한 선비의 이미지가 졸지에 망신의 나락으로 추락했다"며 이렇게 말했다. "음주 운전·위장 전입·논문 표절·세금 탈루는 이미 식상한 레퍼토리가 됐다. 여성을 노골적으로 비하하는 책을 출간하고, 제자로부터 향응을 받은 의혹이 제기되고, 교육장관을 하겠다는 사람이 비교육적인 표절 의혹을 사고, 임금 체불 회사의 대주주가 노동 정책을 책임지겠다고 한다. 큰 벼슬을 할 요량이 있었다면 범할 수 없는 도덕적 해이다. 그러고도 고관대작이 되겠다니 참으로 염치가 없다.……보수의 기득권을 비판하는 시민단체에서 활동하며 정의·공정·소수자를 외치는 겉멋 든 패션 좌파, 서울의 고급 아파트에 살며 자식들은 외국어고에 보내는 강남 좌파, 수십억 원의 현금과 주식을 보유한 리무진 좌파라며 그 민낯을 조롱한다." 고대훈, 「'교수님 정부'의 그늘」, 『중앙일보』, 2017년 7월 8일.

鬪狗로 그 좋은 기회를 탕진하고 말았다.

'진영 논리'가 '개혁과 불평등 해소'를 죽인다

언론에서 바람직한 시도가 전혀 없었던 건 아니다. 『경향신문』의 '90년대생 불평등 보고서' 연재가 좋은 예다. 2019년 9월 26일 1면 머리기사로 등장한 「부를 물려받지 못한 청년, '불평등' 수렁에 빠지다」는 기사를 비롯해 좋은 기사가 많았다. 언론은 이런 방향의 기사에 좀더 많은 공을 들였어야 했다. 대부분이 다 동의할 수 있는 개혁을 제쳐놓고 그걸 향해 가는 과정에서 이견 차이에 집착해야 할 이유가 무엇이란 말인가?

기존 정파적 이분법 구도, 즉 정파적 진영의 포로가 되기를 자청하는 '진영 논리'를 깨지 않고선 그 어떤 개혁과 불평등 해소도 기대하기 어렵다. 생각해보라. 진보 언론에서 노조의 문제를 비판하는 기사를 본 적이 있는가? 보수 언론에서 노조 탄압을 비판하는 기사를 본 적이 있는가? 아마 거의 없을 게다. 진보는 '친노조', 보수는 '반노조'라는 이분법은 완강하다. 물론 정치권과 지식인도 마찬가지다.

나는 맬컴 해리스Malcolm Harris의 『밀레니얼 선언: 완벽한 스펙, 끝없는 노력 그리고 불안한 삶』(2017)이라는 책을 읽다가 정작 본문보다는 번역자인 노정태의 '옮긴이의 말'에 더 눈길이 갔다. "아니, 이런 일이 있었나?"라는 놀라움 때문이었다. 그는 "386세대는 자신들이 이미 기득권층임에도 불구하고 젊은 시절 그랬던 것처럼 저항과 혁명의 담론을 즐긴다. 하지만 본인들이 이미 기득권층인 관계로, 젊은이들이 자신들의 헤게모니에 진지하게 도전장을 내밀거나, 그 헤게모니를 흔들 수 있을 법한 담론을 만들어내는 것은 참지 못한다"며 다음과 같이 말한다.

"내가 겪은 일이다. 한국, 미국, 일본 중장년 진보층의 공통된 의제인 원자력발전 반대, 즉 '반핵주의'에 반대하는 칼럼을 썼다가 한 진보 언론에서 칼럼니스트 자리를 잃게 되었다. 젊은이들을 향해 '짱돌을 던지라'고 요구하는 이들은 많지만, 그 젊은이의 짱돌이 자신을 향해 날아올 때, 기득권이 되어버린 왕년의 반항아들은 결코 호락호락 넘어가지 않는 것이다. 대신 그들은 거창하지만 자신들에게는 위협이 되지 않는 혁명의 서사를 적극적으로 찾아내고 즐기는 경향이 있다."[48]

그러고 보니, 이해가 간다. 원자력발전 문제를 둘러싼 언론 보도는 그야말로 한 치의 오차도 없는 이분법의 전형을 보여주고 있으니 말이다. '탈원전'에 대해 진보 언론은 무조건 찬성, 보수 언론은 무조건 반대인 것처럼 보인다. 보수 언론은 국가적 전력 수급 계획과 관련해 탈원전의 정책적·경제적 현실성 문제,[49] 한국전력과 한국수력원자력의 수조 원대 적자 급증,[50] 대체 에너지원으로 추진하는 태양광 사업의 현실성과 삼림 등 환경 파괴 문제,[51] 친정권 세력의 태양광 사업 독식과 특혜 의혹[52] 등을 집요하게 지적하고 있다.

그런데 흥미롭고도 놀라운 건 진보 언론에서 이런 비판에 대한 반론을 찾아보기가 어렵다는 점이다. 원자력발전에 기본적으론 반대하는 사람일지라도 '합리적 탈원전'이나 '속도 조절론'을 원하는 중간적 입장이 있을 법한데, 진보 언론은 이마저 배격하는 걸까? 그래서 노정태가 칼럼니스트 자리를 잃게 되는 일이 벌어진 걸까? 완전한 탈원전을 위해서라도 그 과정에서 벌어지는 현실적인 문제들에 대한 논의가 활발하게 이루어지는 게 더 좋을 것 같은데도 말이다.

'공정으로서의 정의'를 거부한 진보 진영

이분법은 불가피할 때도 있고 필요할 때도 있지만, 한국 사회를 집어삼킨 이분법은 그런 게 아니다. 온몸에 체화된 습관이요 신앙이다. 이분법은 자신이 속한 진영의 이해득실 차원에서 세상을 보고 판단한다. 이런 이분법도 그 나름의 명분은 있다. 개별 사건을 그 사건 자체로만 보지 않고 진영의 관점에서 재해석해 평가하는 사람들이 즐겨 쓰는 말들은 '대국적', '종합적', '총체적', '장기적', '미래지향적' 등과 같은 것들이다. 그러면서 강조하는 것은 반대 진영이 얼마나 어리석고 흉악한 집단인가 하는 점이다. 따라서 진영 내부에서 아무리 옳은 지적을 하더라도 그것이 당장 반대 진영을 조금이라도 이롭게 하는 것이라면, 그 문제 제기자는 용납해선 안 될 '내부의 적'이 되고 만다.

이는 전혀 공정하지 않다. 공정이란 무엇인가? 어렵게 생각할 것 없다. 존 롤스John Rawls, 1921~2002는 어떤 갈등 상황에서 무엇이 공정한지를 평가할 때 입장을 바꿔 생각하는 게 어렵거나 번거롭다면 아예 그 어떤 입장도 갖지 않는 '원초적 입장original position'이라는 가상의 세계로 들어갈 필요가 있다고 제안한다. 그런 원초적 입장을 갖는 데에 필요한 건 '무지의 장막veil of ignorance'이다.

'무지의 장막'은 롤스가 자신의 입장이나 역할을 배제한 채 무엇이 공정하다고 생각하는지를 상상해보라는 의미에서 제시한 개념이다. 무지의 장막이 쳐진 상태에서 사람들은 누구도 상대의 능력, 재산, 신분, 성gender 등의 사회적 조건을 알 수 없다. 롤스는 그런 상황에서 사람들이 어떤 계층에 특별히 유리하거나 불리하지 않도록 조화로운 사회계약을 체결할 것이라며, 그렇게 합의되는 일련의 법칙이 정의의 원칙이 되어야 한다고 주장한다.[53]

롤스가 역설한 '공정으로서의 정의'란 말은 이렇듯 정의의 원칙이 공정한 원초적 상황에서 합의된 것이라는 생각을 담고 있는데, 롤스의 정의관에 따르면 정의를 고민하는 올바른 방법은 원초적으로 평등한 상황에서 어떤 원칙에 동의하겠는지를 묻는 것이다. 롤스는 '정의가 무엇인가'라는 물음에 직접 대답하기보다는 공정한 절차에 의해 합의된 것이면 정의로운 것이라는 순수한 절차적 정의관을 내세웠다고 볼 수 있겠다.[54]

'조국 사태'에서 조국을 일방적으로 옹호하는 진보 시민사회를 맹비난했던 전 참여연대 공동집행위원장 김경율은 "조국이라는 이름을 지운다면 이런 상황에서 버틸 사람이 있었을까. 그런데도 시민단체, 집권 여당은 제대로 비판 한 줄 내지 않았다"고 했는데,[55] 이름을 지우고 생각하는 게 바로 '무지의 장막' 속으로 들어가는 것이다. 조국에게 제기된 온갖 의혹과 관련된 이야기에서 조국이라는 이름을 지우고 다른 사람, 특히 반대편에 속하는 다른 사람의 이름을 넣었을 때에도 별 문제 없다고 생각했겠는가 말이다. 그러나 진보는 '무지의 장막'을 거부하고 다른 이유들을 들어 '조국이기 때문에' 수호해야 한다는 자세를 취했다.

'승자독식' 체제하의 '밥그릇 전쟁'

설사 '공정으로서의 정의'를 거부한 선의를 존중한다 하더라도, '공정'을 압도하는 더 큰 이유는 늘 생기기 마련이라는 데에 문제가 있다. "핑계 없는 무덤은 없다"는 말처럼 그 어떤 내로남불도 다 그 나름의 이유는 있는 법이다. 우리는 매번 그 어떤 내로남불에 대해서도 그런 사안별 질적 분석에 임해야만 하는가?

더 큰 문제는 그런 선의가 진영 내부의 오류 교정 가능성을 원천 차단함으로써 스스로 무너지는 길로 나아가게 만든다는 점이다. 이런 구도하에선 자기 진영이 잘할 수 있는 길과 방법을 찾기보다는 반대 진영을 공격하는 데에 모든 역량을 집중하게 된다. 반대 진영 역시 같은 행태를 보임으로써 '적대적 공생 관계'가 형성되는 가운데,[56] 국가와 사회는 엉망이 되고 만다.

이런 이분법 전쟁에서 이긴 진영의 '승자독식' 체제는 한국 특유의 지역주의, 연고·정실 네트워크와 결합하면서 전체 국민의 절반 이상을 '이분법 소용돌이'로 끌고 들어간다. 막스 베버Max Weber, 1864~1920는 '정치는 관직을 파는 직업'이라고 했는데,[57] 진보냐 보수냐 하는 건 이런 '관직 판매'의 하위 개념이 되고 만다. 역대 모든 정권에서 반대편의 비난을 받은 공공기관 낙하산 인사도 다를 게 없다. 그렇게 임명된 사람들 중 상당수는 개혁을 위한 불가피한 인사였겠지만 동시에 상당수는 대선

승리 기여와 관련된 논공행상論功行賞의 이권 배분이었다.

장발장은행장이자 '소박한 자유인' 대표 홍세화는 "촛불에 힘입어 기적처럼 정치권력을 장악하게 되자, 이들 중 적잖은 현실 정치 예비군에게 공공 부문의 괜찮은 일자리를 차지할 기회가 생겼다"며 "정서적으로 끈끈히 연결돼 있는 이들 사이에도 일종의 '우리가 남이가!'의 문화가 있다"고 말한다.[58] 사회적 신뢰의 마지막 보루가 되어야 할 각종 시민운동·NGO 단체들마저 어떤 정권이 들어서느냐에 따라 생존과 성장의 밥그릇 크기가 크게 달라지는 상황에서 진보의 가치를 밥그릇에 구겨넣는 건 당연한 일인지도 모르겠다.

김경율은 '조국 사퇴' 직후 "시민사회 일원으로 각종 위원회에 참석했는데 아무 문제의식 없이 입으로만 '개혁'을 외치는 사람이 많았다"며 "이런 무비판적 지식인이 각종 위원회, 고위층에 있으니 무슨 일이 되겠느냐"고 개탄했다.[59] 왜 그럴까? 위원회 참여도 자신의 각종 이해관계와 직결된 일종의 '밥그릇'이기 때문이다.

그러나 우리는 여기서 '가치 추구자'와 '이권 추구자'를 양분하는 오류를 범해서는 안 된다. 우리 인간의 동기는 그렇게 단순하지 않다. 누이 좋고 매부 좋은, 가치도 추구하면서 이권도 추구하자는 게 대체적인 모습이라고 보는 게 옳다. 다만 그 어떤 이분법 구도가 형성되기 시작하면 이권을 지키는 방향으로 가치에 대한 평가를 재조정하게 된다는 점이 중요하다.

의도적인 자기기만일 수도 있고 자신도 모르는 사이에 벌어지는 관성일 수도 있다. 물론 보통 사람들은 밥그릇과 전혀 무관한 감정과 나름의 도덕 체계에 의해 열정을 보이기도 한다. 이는 겉보기엔 순수하지만 반대편에 대한 증오나 적대감을 수반할 경우 '권력 감정'을 누리려는 욕망으로 볼 수도 있으니, 넓은 의미의 '밥그릇 전쟁'으로 이해해도 무방하다.

'조국 사태'에서 선악 이분법은 잔인하다

한국 사회의 최대 문제는 바로 이런 '밥그릇 전쟁'으로 인한 '분열 구조'에 있는 것이지, 그 어떤 진영이 승리하느냐는 부차적인 문제다. 어느 한 진영이 상대 진영을 완전히 압도해버린다면 '분열의 사회적 비용'은 무시해도 좋을 수준이겠지만, 그게 불가능한 이상 그 어떤 정치와 개혁도 분열 비용을 넘어서지 못하는 비극이 발생하고 만다. 이걸 직시하는 게 진정한 '애국'이다.

'조국 사태'의 와중에서 나타난 선악 이분법은 보기에 끔찍했다. 어느 문인은 10월 5일 열린 '검찰 개혁 촛불문화제'에 다녀온 후 자신의 페이스북에 글을 올리고 "나라가 두 쪽이 났다고 한다. 천만의 말씀이다. 저들은 적폐이고 우리는 혁명"이라고 했다. 그는 "저들은 폐기된 과거이고 우리는 미래다. 저들은 몰락하는 시대의 잔재이고 우리는 어둠을 비추는 영원한 빛"이라며 "(나라가) 두 쪽이 난 게 아니라 누가 이기고 지는지 판가름이 나는 것"이라고 했다.[60]

이 문인만 그런 게 아니다. 여권의 기본적인 인식 구도가 바로 이런 선악 이분법이었다. 좋다. '적폐'를 물리치고 '혁명' 세력이 일방적인 승리를 거둔다면 그것도 기대해볼 만한 일이긴 하다. 그러나 그건 불가능하다. 전혀 정의롭지도 않다. 2017년 5월 10일 대통령에 취임한 문재인의 지지율은 한동안 80%대 중반까지 치솟을 정도로 높았다. '대통령이 잘하고 있다'며 지지를 보내는 국민이 80%를 넘은 것은 1993년 10월 김영삼 대통령(86%) 이후 24년 만이었다.[61] 여권이 적폐로 몰아붙이는 사람들의 절반 이상이 지난 국정 농단 촛불 혁명에 찬성했던 동지였음을 감안컨대, 이런 선악 이분법은 잔인하다.

그런데 불행 중 다행히도 이런 망국적인 선악 이분법에 비교적 오염되지 않은 사람들이 나타났다. 바로 20대다. 고성장 시대의 세대들은 '민주화'만 고민해도 무방했지만, 고성장 시대의 종언과 함께 닥친 '일자리 전쟁'은 공정의 문제를 부각시키면서 그걸 개인적 영역으로 끌어내렸다. 그래서 20대는 진영을 초월한 공정을 중시한다. 이 공정에 대해 구조를 보지 못한 '미시적 공정'이라거나 불평등을 심화시키는 '능력주의적 공정'이라는 비판이 적잖이 나왔지만, 이거야말로 적반하장賊反荷杖이다. 누가 세상의 구조를 그렇게 만들었는가?

나는 20대가 이전 세대보다 대학 서열에 미쳐 있는 현실을 강하게 비판해왔지만, 그런 서열 구조를 심화시켜온 386세대를 비롯한 기성세대에게 더 큰 책임이 있다는 건 두말할 나위가 없다. 20대의 공정 개념에 그 어떤 한계가 있다 하더라도, 이는 구조 개혁의 강력한 동력이 될 수 있다. '밑에서 위로'는 '작은 것에서 큰 것으로'를 내포한 개념이다.

20대가 새로운 패러다임의 기수가 되리라는 희망을 키워가는 게 이 지긋지긋한 이분법 세상을 끝낼 수 있는 길이 아닐까? 이전 세대들과는 확연히 다른 20대들의 독특한 사고방식에 전적으로 동의할 순 없다 하더라도, 우리가 정녕 새로운 삶과 정치의 패러다임을 모색하고자 한다면 그들의 힘을 빌려야 한다는 게 나의 생각이다(20대의 공정 개념에 대해선 제3장에서 자세히 다루겠다).

2019년 4월 어느 세미나에서 한국개발연구원장 최정표는 "기득권의 성이 너무나 단단하다. 불평등은 이미 구조적으로 고착화되었다"고 탄식했다고 한다.[62] 이 고착 구조를 깨는 일은 새로운 사고의 틀을 가진 청년 세대가 힘을 갖는 것밖엔 없다. 돈도 명성도 없는 청년들이 정치를 경유하지 않고선 힘을 갖는 건 사실상 불가능하다. 그런데 문제는 정작 정치를 해야 할 청년들

은 정치를 멀리 하고, 제발 정치를 그만두었으면 하는 기성세대
는 정치에 목숨을 건다는 점이다. 그래서 정치는 바뀌지 않고,
그로 인한 정치적 불평등은 경제적 불평등을 악화시킨다.

제 2 장

왜
정치는 중·하층의
민생을 외면하는가?

개혁과 진보의
'의제 설정'의 오류

"검찰 개혁이 지나치게 과잉대표돼 있다"

"검찰 개혁이 필요하지만 당장 먹고사는 문제나 교육 등 근본적
변화가 필요한 문제들에 비해 지나치게 과잉대표돼 있다." 진보
경제학자로 성공회대학교 외래교수인 우석훈이 9·28 서초동
검찰 개혁 촛불 집회에 대해 한 말이다. 그는 "검찰 개혁이 중요
하다고는 생각하지만 이렇게만 해가지곤 사회가 좋아질까 그런
생각이 든다"며 "사회적 불평등이나 세대 갈등처럼 진짜 개혁이
필요한 부분은 별로 관심을 못 받고 있다. 우선순위를 따져보면
다른 중요한 일도 많다"고 했다.[1]

한국대학총학생회연합 초대 의장 출신인 김재용도 '조국 사
태'와 관련해 "정치적 논쟁 대부분이 도덕과 사법의 영역 등에
집중됐다"며 "국민 삶과 직결되는 사회경제적 정의나 불평등,
계급 간 격차 같은 문제는 도대체 누가 대표하는지 의문"이라고

했다. 그는 '조국 사태'에서도 '운동과 구호'로 단련된 386세대가 부정적인 영향을 끼쳤다며 이렇게 말했다. "86세대는 '부패'보다 '무능'이 문제다. 86세대가 변해야 한다. '구호를 외치던 세대'에서 '정책 세대'로 대전환해야 한다."[2]

평상시 같으면 누구나 다 동의할 수 있는 평범한 의견으로 볼 수 있겠지만, '황우석 사태' 이상으로 뜨거웠던 상황에선 진보 지식인이 이런 말을 한다는 건 대단한 용기가 필요한 것이었다.• 그런데 왜 그런 일이 벌어진 걸까? 우석훈과 김재용이 아주 좋은 말을 해주었으니, 그 이유를 밝히는 건 내 몫이겠다. 나는 이게 강남 좌파의 문제와 무관치 않다고 생각한다. 「머리말」

• 전 참여연대 공동집행위원장 김경율은 "지금 상황은 '황우석 사태' 이상이다. 어떤 사실이 드러난다 하더라도 인정하지 않는 분위기가 됐다"고 했는데, 어느 쪽편에 속하건 그 누구도 이 말에 이의를 제기하긴 어려울 것이다. 그는 언론 인터뷰에서 "검찰 개혁이 시급하다는 말이 많다"는 질문에 대해 이렇게 답했다. "검찰 개혁이 최우선이 아니라고는 말하지 않겠다. 다만 뭐든지 함께 갈 수 있는 거 아닌가. 참여연대 위원들조차도 '검찰 개혁이 중하냐, 조국의 범죄가 중하냐' 한다. 선택의 문제가 아니지 않나. 검찰 개혁 한다고 '조국 수사가 중단돼야 하는 것도 아니다. 검찰 개혁을 위해 더불어민주당이 국회 다수당으로서 입법 노력을 할 수 있는 게 있다. 법무부 장관보다 윗선인 대통령도 할 수 있는 게 있다. 그런데 왜 차차선책인 법무부 장관만이 검찰 개혁의 주체인 것처럼 말하는가." 조문희, 「"조국에 입 다문 참여연대…86세대 도덕적 기반이 사라져간다"」, 『경향신문』, 2019년 10월 2일, 31면.

에서 언급한 '가용성 편향availability bias'을 좀더 자세히 설명한 후에 이 문제를 본격적으로 다루어보기로 하자.

'가용성 편향'은 우리 인간이 생각을 하고 판단을 내릴 때에 주로 '휴리스틱heuristic'에 의존하기 때문에 생겨나는 것이다. 'heuristic'은 '발견하다to find'는 뜻을 가진 그리스어 heutiskein에서 나온 말로, 문제의 답을 경험 법칙a rule of thumb, 경험에 의한 추측an educated guess, 직관적 판단an intuitive judgment, 정형화된 생각stereotyping, 상식common sense, 시행착오trial and error 등의 방법을 사용해 구하는 것을 말한다.

우리말로는 간편법, 간편 추론법, 추단법, 어림법, 어림셈, 어림짐작법, 주먹구구법, 편의법, 쉬운 발견법, 판단 효과, 발견법, 경험적 지식, 즉흥적 추론, 쉬운 방법, 지름길 등 다양하게 번역된다. 알베르트 아인슈타인Albert Einstein, 1879~1955은 1921년 노벨물리학상 수상 논문에서 휴리스틱을 '불완전하지만 도움이 되는 방법'이라는 의미로 사용했다. 휴리스틱의 반대는 논리적으로 풀어나가면 정확한 해답을 얻을 수 있다는 개념인 '알고리즘algorithm = algorism'이다.[3]

휴리스틱은 행동경제학의 핵심 개념이다. 심리학자임에도 "심리학에서의 통찰을 경제학에 적용함으로써 연구 분야에 새로운 지평을 열었다"는 이유로 2002년 노벨경제학상을 받은 행동경제학자 대니얼 카너먼Daniel Kahneman은 엄연히 객관적 사실

fact이 존재하는데도 사람들이 단순히 자신의 고정관념이나 관습 등을 통해 내리는 불완전하고 비합리적인 판단을 가리켜 휴리스틱이라고 했다. 휴리스틱은 인간이 스스로 생각하는 것보다 훨씬 비합리적인 존재임을 증명해주는 근거다.[4]

동질적인 사람들끼리 어울리면 위험하다

휴리스틱의 한 종류로 '가용성 휴리스틱availability heuristic'이라는 게 있다. '이용가능성 휴리스틱'이라고도 한다. 영어에서 availability는 일부러 찾기보다는 당장 주변에서 손쉽게 구할 수 있는 것을 가져다 쓰는 이용가능성(가용성)을 말한다. 가용성 휴리스틱에서 가용성은 사실상 '기억의 용이성'을 뜻한다. 즉, 가용성 휴리스틱은 어떤 문제나 이슈에 직면해 무언가를 찾아서 알아보려고 하기보다는 당장 머릿속에 잘 떠오르는 것에 의존하거나 그걸 중요하다고 생각하는 경향을 말한다. "무언가가 떠오른다면, 그건 중요하다if something can be recalled, it must be important"고 보는 것이다.[5]

이처럼 자신의 경험 혹은 자주 들어서 익숙하고 쉽게 떠올릴 수 있는 것들을 가지고 세계에 대한 이미지를 만드는 것을 '가용성 편향'이라고 한다. 이 개념은 개인적인 차원뿐만 아니라 사회적 차원에도 적용될 수 있다. 특히 공적 영역에서 동질적인 사람들끼리 어울리는 현상의 위험을 경고하는 데에 유용하다.

　미국 스탠퍼드대학 정치학자 니컬러스 카네스Nicholas Carnes는 『화이트칼라 정부: 경제정책 결정에서 계급의 숨은 역할』(2013)이라는 책에서 1901년부터 2008년까지의 다양한 자료를 바탕으로 국회의원의 출신 계급이 경제와 사회 문제에서 이들의 투표 행위를 결정짓는 데 핵심적이라는 결론을 내렸다. 또 다른 연구에서 나타난 흥미로운 사실은 공화당과 민주당의 차이다. 공화당 의원들은 대체로 경제적 불평등을 가중시키는 법을 지

● 「Availability heuristic」, 『Wikipedia』; 하워드 댄포드Haward S. Danford, 김윤경 옮김, 『불합리한 지구인: 인간 심리를 지배하는 행동경제학의 비밀』(비즈니스북스, 2010/2011), 40쪽. 이와 관련, 대니얼 카너먼은 다음 3가지 사례를 제시한다. ① 당신의 주의를 끄는 사건은 쉽게 기억날 것이다. 할리우드 유명 배우의 이혼과 정치인의 섹스 스캔들에는 엄청난 관심이 가고 아주 쉽게 떠오를 것이다. 따라서 할리우드 유명 배우의 이혼과 정치인의 섹스 스캔들의 발생 빈도를 과장할 가능성이 높다. ② 극적인 사건은 그것이 속한 범주의 가용성을 일시적으로 높여준다. 언론이 집중 조명한 비행기 추락 사고는 일시적으로 비행기의 안전에 대한 느낌을 바꿔놓는다. 길가에서 불타는 자동차를 본 후 당신 머릿속에는 그 사고 장면이 잠시 동안 남아 있게 된다. 그리고 이제 세상은 당분간 훨씬 더 위험하게 느껴진다. ③ 개인적 경험, 사진, 생생한 사례들은 타인에게 일어났던 사건이나 단순한 말 혹은 통계보다 훨씬 더 머릿속에 잘 떠오른다. 대니얼 카너먼Daniel Kahneman, 이진원 옮김, 『생각에 관한 생각: 우리의 행동을 지배하는 생각의 반란』(김영사, 2011/2012), 191쪽.

지했기 때문에 그들의 사회경제적 지위가 아무런 역할을 하지 못한 반면, 민주당 의원들은 계급이 높을수록 경제적 불평등을 심화시키는 방향에 투표할 가능성이 높았다.[5]

미국의 노동운동 지도자 앤디 스턴Andy Stern은 민주당 정치인 들의 전형적 이미지를 "볼보자동차를 몰고 다니고, 비싼 커피를 홀짝이고, 고급 포도주를 마시고, 동북부에 살고, 하버드나 예일 대를 나온 리버럴"로 규정한다.[6] 이들이 입으로는 보통 사람들 을 생각하는 것처럼 말하지만, 그들의 주변 환경이 그들에게 미 치는 영향, 즉 가용성 편향이 문제라는 뜻이다. 이를 인정하듯, 2003년 민주당 대선 후보 지명전에 참가했던 존 에드워즈John Edwards는 "지난 수십 년 동안 민주당이 끊임없이 저지른 죄악은 (남에게 과시하는 걸 좋아하는) 속물근성이었다"고 주장했다.[7]

토머스 프랭크Thomas Frank는 2004년에 출간한 『캔자스에서 도대체 무슨 일이 있었는가?: 보수주의자들은 어떻게 미국의 심 장부를 장악했는가』에서 "캔자스는 미합중국 그 자체"라며 이 렇게 말한다. "그곳에 한 번도 가본 적이 없는 사람일지라도 그 곳을 낯설지 않고 친근하게 느낀다. 캔자스는 선호하는 여행지 로는 전국에서 하위를 면치 못하지만 온갖 제품의 마케팅 담당 자들이 시제품을 내놓고 소비자 반응을 확인하는 곳으로도 유 명하다."[8]

그런 캔자스에 무슨 일이 일어났는가? 한때 미국 진보세력의 산실이었던 캔자스가 이젠 극우 지역으로 변한 것이다! "캔자스는 모든 것이 평균인 땅이지만 그 평균의 특성은 일탈과 호전성, 분노다. 오늘날 캔자스는 일상생활의 구석구석까지 반동의 선전으로 점철된 보수주의의 성소다."[9] 왜 그렇게 되었을까? 낙태 문제 등 종교적인 원인도 있었지만, 결정적인 건 민주당의 위선에 대한 분노였다.

사실 민주당은 정치 참여에서부터 정치자금에 이르기까지 부자 유권자들에게 과도하게 의존하고 있어서 사실상 그들에게 발목이 잡힌 상태이기 때문에 서민을 위한 경제정책을 만드는 게 어렵게 되어 있다.[10] 지난 수십 년간 가난한 사람들마저 공화당에 표를 던진 이유에 대해 『뉴욕타임스』 칼럼니스트 니컬러스 크리스토프Nicholas Kristof는 2004년 '민주당의 여피화the yuppication of the Democratic Party'를 지적했다.[11] 그러나 오히려 그렇기 때문에 민주당 정치인들은 수사적 진보성을 전투적으로 드러내는 경향이 있는데, 이는 실천으로 연결되기는 어려우며, 따라서 정치적 불신과 혐오를 조장할 가능성이 높다.

개혁을 민주화 운동의 연장선상에서 생각하는 사고방식

한국에서도 진보적 정치인들은 중·하층의 민생을 생각하는 것처럼 전투적인 말은 많이 하지만, 그것에 대해 직접 접촉하거나 생각할 기회가 거의 없다. 그들은 부지불식간에 자신의 계급적 기반과 동질적인 동료 압력이나 교류로 인해 자신에게 중요한 게 사회적으로도 중요하다는 착각에 빠진다. 여권의 정치적 실세인 운동권 386 출신의 그런 착각은 더욱 심해져 개혁적 정책을 민주화 운동의 연장선상에서만 생각하고, 실제로 그런 정책을 주요 의제로 삼는다.

노무현 정권이 가장 중요한 입법으로 내세웠던 '4대 개혁 입법'이 그 좋은 예다. 국가보안법, 사립학교법, 과거사진상규명법, 언론관계법이 중요하다는 데엔 이론의 여지가 없었지만, 중요한 건 이 입법이 민생과는 아무런 관련이 없다는 점이었다. 2004년 탄핵 역풍 속에서 원내 과반을 이룬 열린우리당은 17대 국회 첫 정기국회에서 공격적으로 4대 개혁 입법을 추진했지만, 한나라당이 이를 '4대 국론 분열법'으로 규정하고 격렬하게 저항하는 바람에 국회는 파행을 거듭했고, 결국 아무런 성과도 거두지 못했다.

반면 민생은 어떠했던가? 노무현 정권만큼 부동산 문제에 대해 호전적인 말을 쏟아낸 정권은 없었지만, 부동산 정책은 대실패였다. 서울 강남 일부 아파트 평당 가격이 1,000만 원 돌파(2003년 4월), 2,000만 원 돌파(2003년 8월), 3,000만 원 돌파(2006년 1월) 기록을 세운 건 모두 노무현 정권 들어서였다. 서울과 지방의 집값 양극화는 더욱 벌어지고 말았다. 개혁에 반대하는 한나라당의 수구성을 비난하기는 쉬운 일이었지만, 문제는 집권 세력으로서 '책임 윤리'였다. 의도가 정의롭고 선하면 그 어떤 결과가 나오더라도 괜찮은가? 절대로 괜찮지 않다는 게 민심이었고, 이 민심은 결국 태어나지 말았어야 할 이명박근혜 정권을 탄생시켰다.

이젠 달라졌을까? 아니다. 진보세력의 386형 강남 좌파 마인드는 여전하다. 이들은 서울-지방 격차를 더 벌리기 위해 안달하는 것처럼 보인다. 이들이 다 서울이나 서울 근처에서 사니 눈에 보이는 게 서울뿐이다. 촛불 시위를 하는 정의로운 국민들 역시 서울이 대한민국인 줄 아는 건 마찬가지다. 문재인 정부는 수도권 신도시 정책처럼 지역균형발전을 완전히 무시하는 '철학의 빈곤'을 드러냈고, 최악의 반反지역균형발전 정권이 되기 위해 작정한 것처럼 보이는데도, 이렇다 할 반발이나 저항이 없다.[12]

이들은 여전히 개혁 정책을 민주화 운동의 연장선상에서만 생각하고, 실제로 그런 정책을 최우선 의제로 삼고 있다. 검찰 개혁에 정권의 명운을 거는 게 그 좋은 예다. 이게 과연 민생 의제일까? 민생을 조금이라도 생각했다면, 법조 개혁을 하더라도 '유전무죄有錢無罪·무전유죄無錢有罪'부터 깨부수는 게 우선이 아니었을까?

2017년 1월 『동아일보』가 여론조사 회사인 엠브레인과 함께

20대 이상 남녀 1,000명에게 모바일 설문조사를 벌인 결과, 무려 91%가 한국은 '유전무죄有錢無罪 · 무전유죄無錢有罪'가 통하는 사회라고 응답했다. 심지어 71.4%는 "매우 그렇다"라고 답했다.[13] 정부와 국회는 믿을 수 있는가? 공직은 그걸 차지한 사람들에게 단지 좋은 직장일 뿐이다. 자칭 엘리트라는 사람들은 전관예우前官禮遇에 미쳐 돌아가면서 자기 밥그릇 챙기기에 혈안이 되어 있다. '위장전입'은 보수와 진보를 막론하고 고위 공직 엘리트의 '필수'가 되어버렸다.[14]

전관예우는 '사회 신뢰 좀먹는 암 덩어리'임에도,[15] 우리는 그 암 덩어리의 발호에 최소한의 분노마저 잃은 지 오래다. 당파 싸움엔 열을 올려도 당파를 초월해 작동하는 법칙에 대해선 별말이 없다. 아니 정부는 오히려 전관예우의 브로커 역할까지 떠맡고 나선다. '공정거래'를 책임진다는 공정거래위원회는 매년 10여 명을 대기업에 재취업시켜주면서 고시 · 비고시 출신을 나눠 '억대 연봉 지침'까지 기업에 정해주었다. '행정고시 출신 퇴직자'는 2억 5,000만 원 안팎, '비행정고시 출신 퇴직자'는 1억 5,000만 원 안팎이라는 억대 연봉 가이드라인까지 책정해준 것이다.[16] 『경향신문』 경제부장 오관철은 "공정위 고위직을 맡으려면 퇴직 후 로펌이나 대기업에 재취업하지 않겠다는 서약서 제출 제도라도 만들어졌으면 속이 시원하겠다는 생각이 들 정도다"고 했지만,[17] 전관예우를 방치하는 데엔 보수나 진보가 한

통속이어서 이 문제엔 별관심이 없다.

가습기 살균제 사망자가 1,449명인데도

검찰 개혁 이상으로 열을 올려야 할 민생 관련 거악巨惡은 도처에 널려 있다. 가습기 살균제 피해로 숨진 사람은 1,449명이나 된다.[18] 피해 신청자는 6,000명이지만, 피해를 인정받은 사람은 460여 명으로 인정률이 7.5%에 불과하다. 가습기 살균제 문제가 드러난 건 2011년이었음에도 왜 아직도 이 참사는 해결되지 않고 있는 것일까? 물론 진실을 파헤치면 엄청난 비용이 든다는 이유로 사건을 축소하기에 급급했던 박근혜 정권의 책임이 크다. 그러나 그것만으론 다 설명할 수가 없다.

정권이 바뀐 후 문재인 대통령이 처음으로 피해자들을 청와대로 불러 사과를 했지만, 여전히 피해자를 위한 적극적인 조처는 취해지지 않고 있다. 피해를 당한 소비자들의 억울함과 분노로 말하자면, "대한민국이 사실상 무정부상태"라고 한 어느 피해자의 절규처럼 그 어떤 사건과도 비교할 수 없을 정도로 클 텐데,[19] 왜 이런 '무정부상태'가 지속되고 있는 것일까?

정부의 가습기 살균제 피해 판정이 뒤늦은 데다 지나치게 까다로워 아무런 지원도 받지 못한 채 숨지는 희생자들이 계속 늘어나고 있었지만, 정부는 별로 달라진 게 없었다.[20] 살아남은 피해자 66.6%가 '만성 울분'으로 고통 받고 있었다.[21] 1,400명이 넘는 사망자, 피해자 수천 명의 '만성 울분'의 고통은 사회적으로 어떤 의미를 갖는 걸까? 숙명여자대학교 교수 구연상은 「가습기 살균제 사건, 재난(참사)인가 악행인가」라는 철학적 논문에서 기존 시각은 이 사건을 대체로 재난災難이나 참사慘事로 규정하거나, '제조물에 따른 피해 사건' 정도로 보고 있지만, 악행惡行으로 규정해야 한다고 했다.[22]

도대체 정부는 무엇을 했던가? 실제로 '무정부상태'였다.* 정부의 무책임과 기만이 즉각 중단되어야 한다는 건 두말할 나위가 없다.** 전반적인 시민의식의 문제는 없었던 걸까? 가정의학과 의사이자 의료인류학자인 김관욱이 『아프지 않았으면 좋

----

* 『미디어스』 기자 장영은 이런 총평을 내렸다. "독성물질 천만 병이 판매되는 동안 정부가 한 일은 아무것도 없다. SK케미칼을 무죄로 만들어주기 위해 혈안이 되었다는 것 외에 정부가 한 일은 가습기 피해자를 인정하지 않는 것뿐이었다. 정부가 국민을 먼저 생각했다면 보다 적극적으로 피해자를 찾아야 했다. 모든 가능성을 열어두고 피해자를 찾고 연구를 통해 가습기 살균제의 영향을 받을 수밖에 없는 질병은 철저하게 피해자로 인정해 구제를 해야만 했다.…… '악의 평범성'이 여전히 우리 사회를 지배하고 있다는 사실이 끔찍하다." 장영, 「스트레이트―가습기 세균제 참사, SK케미칼은 왜 책임지지 않나?」, 『미디어스』, 2018년 10월 29일.

겠습니다: 무감각한 사회의 공감 인류학』(2018)에서 토로한 '단장지애斷腸之哀', 즉 "자식 잃은 어미 원숭이의 창자가 끊어질 정도의 슬픔"이 널리 공유되지 않았다는 점에서 시민들 역시 깊은 성찰을 해야 할 일이 아닐까?

"첫째 아이 출산 때 내가 좀더 꼼꼼하고 부지런했더라면, 그래서 가습기 살균제를 철저히 챙겼더라면, 나 역시 피해자의 일원이 되었을지 모를 일이었다. 이런 생각에 미치니 상상만으로도 미칠 것 같았다. 온몸의 장기가 다 끊어지는 '단장지애'의 고통이 눈앞까지 밀려왔다."[23]

●● 강원대학교 법대 교수 박태현은 '더 신속·정확한' 가습기 살균제 피해 구제를 위한 4가지 제언을 했다. "첫째, '정부 급여(구제급여)'와 '사업자 분담금에 의한 지원(구제계정)'의 구분을 폐지하자. 대신 '가습기 살균제 건강 피해'라는 단일 범주 안에 가습기 살균제 사용과 '관련성'이 인정되는 질환을 구제 대상으로 폭넓게 인정하자. 둘째, 가습기 살균제 사용 사실과 피해 사실이 인정되는 경우, 피해가 다른 원인으로 인하여 발생 또는 악화된 것이라는 분명한 증거가 없는 한, 가습기 살균제로 인한 피해로 인정하자. 이는 과학적 불확실성에 따른 불이익을 피해자에게 전가하지 않기 위해서다. 피해자가 사업자를 상대로 건 민사소송에서 증거 자료의 부족으로 불리하게 되지 않도록 인과관계 추정 조항을 보다 합리적으로 완화하자. 셋째, 사망한 피해자의 경우 특별 심사 트랙을 만들어 신속하게 구제 여부를 결정하자. 마지막으로, 정부는 필요한 관련 연구를 연차적이 아닌 동시다발적으로 추진함으로써 과학적 불확실성의 조기 해소에 전력을 다하자." 박태현, 「'더 신속·정확한' 가습기 살균제 피해 구제를 위한 4가지 제언」, 『경향신문』, 2019년 8월 26일, 16면.

일반 시민들이 자신도 피해자가 될 수 있었다는 역지사지易
地思之의 정신으로 좀더 일찍 분노하고 나섰더라면 사태는 달라
졌을 것이다. 그런데 그들은 왜 움직이지 않았던 걸까? 왜 우리
는 정치적 사건엔 자기 일처럼 쉽게 분노하고 흥분하면서 감정
이입感情移入을 잘하면서도, 그런 사건보다 훨씬 중요한 민생 사
건엔 냉담한 걸까?

"정규직 안 해도 좋다. 더이상 죽지만 않게 해달라"

산업재해는 어떤가? 고용노동부가 산업재해 발생 현황을 집
계한 통계자료를 보면, 2017년 산업재해로 사망한 노동자는
2,209명으로 2016년에 비해 10% 가까이 늘었다. 한국에서 산재
사망자들은 주로 떨어지고(2017년 기준 38.0%), 기계에 끼이고
(10.6%), 부딪혀(10.4%) 숨진다. 한국의 사고사망 만인율(1만 명
당 명)은 0.71(2013년 기준), 미국은 0.37, 독일 0.17, 영국 0.04(이
상 2011년 기준) 수준이다. 한국이 영국의 18배인 셈이다. 2015년
OECD 통계론 한국은 영국보다 20배 이상 많았다.[24]

　주 5일 노동 기준 매일 9명이 산업재해로 죽어나간다는 것도
놀랍지만, 더욱 놀라운 건 이 통계를 믿을 수 없을 정도로 산업
재해 피해자가 훨씬 더 많다는 사실이다. 산업재해로 인정을 받

는 게 매우 어렵기 때문이다. 기업의 힘이 센 대기업일수록 더욱 그렇다. 정부가 대기업 편을 들기 때문이다.

2018년 12월 9일 방영된 『MBC』 탐사기획 〈스트레이트: "기업 살인, 버려진 사람들〉 편은 이 점을 생생하게 잘 보여주었다. 상대가 삼성전자인데 산업재해를 입은 노동자가 무슨 수로 당해낼 수 있겠는가. 산업재해를 인정받기 위해선 작업 환경 보고서가 필수인데, 삼성전자는 그 공개를 거부하고 산업자원부는 국가 기밀이라 삼성전자의 공개 거부엔 문제가 없다고 거드는데 무슨 수로 이들의 갑질을 이겨낼 수 있겠는가 말이다.

게다가 산업재해 사망자의 90%가 '하청노동자'다.[25] 2018년 12월 24세 하청업체 비정규직 노동자 김용균이 태안화력발전소에서 석탄 운송 컨베이어벨트에 끼여 숨지는 비극이 발생했다. 누군가 한 사람만 있었더라도 안전장치를 작동해 기계를 멈출 수 있었지만, 그간 노동자들이 요구해온 '2인 1조' 근무는 비용 절감을 위해 거부당했다. 화력발전소에서 20년째 비정규직으로 일하고 있는 이태성은 비정규직 대표 100인 기자회견에서 "정규직 안 해도 좋다. 더이상 죽지만 않게 해달라"고 울부짖었다. 이런 '죽음의 외주화', '죽음의 비정규직화'가 멈출 수 있을까?[26]

'태안화력 비정규직 청년 노동자 고 김용균 사망사고 진상규명 및 책임자처벌 시민대책위원회'의 위원장 이태의는 "지침이 있는데도 지켜지지 않았고, 시설에 문제가 있어서 28번이나 개선을 요구했는데도 받아들여지지 않았습니다. 태안화력발전소에서만 10년간 하청노동자 12명이 죽었죠. 이건 단순 산업재해가 아니라 사회적 타살입니다"라고 말했다.[27]

그것도 국가가 공모한 사회적 타살이라고나 해야 할까? 태안화력발전소는 정부에서 '무재해 사업장' 인증을 받았으며, 원청인 서부발전은 무재해 사업장이라며 정부에서 5년간 산재보험료 22억여 원을 감면받고 직원들에게도 무재해 포상금이라며 4,770만 원을 지급했다고 하니 말이다.[28] 다시 묻지만, 우리는 왜 정치적 사건을 둘러싼 갈등엔 수백만 명의 인파가 모이면서도 이런 절박한 민생 문제엔 무관심한 걸까?

"아, 그거 『조선일보』가 하는 얘기야. 너 『조선일보』 보냐?"

2019년 10월 16일 『한겨레』가 아주 좋은 사설을 썼다. 「세입자 보호' 방치하는 국회, '민생' 말할 자격 없다」는 사설이다. 이 사설은 "국회에서 잠자고 있는 대표적인 '민생 법안'이 주택 세입자 보호를 강화하는 '주택임대차보호법 개정안'이다"며 이렇게 말했다. "지난해 기준 전국의 무주택 가구 비율이 39%에 이른다. 수도권은 46%로 절반에 육박한다. 세입자 보호만큼 중요한

'민생'은 없다."[29]

이 사설에 지지와 더불어 경의를 보낸다. 지금 이 순간에도 제대로 보호받지 못해 피눈물을 흘리는 세입자가 많으니까 말이다. 이들을 위한 정치와 행정은 무능했고 무책임했다. 정책 결정을 하는 정치·행정 엘리트들이 피눈물 흘리는 세입자의 처지였다면, 과연 그런 사태를 그대로 방치했을까? 민생을 외면한 가장 큰 책임이 문재인 정권에 있다는 건 두말할 나위가 없다.

좋다. 어떤 개혁이건 좌우지간 개혁은 좋은 일이다. 그러나 검찰 개혁은 좀 이상하다. 도무지 진정성을 느끼기가 어렵다. 검찰 개혁에 별 관심이 없거나 소극적이라면 모를까, 검찰 개혁에 백 번, 천 번 동의하는 나 같은 사람으로선 진정성 문제가 매우 중요하다. 『중앙일보』 칼럼니스트 이철호는 "청와대가 뒤늦게 검찰 개혁을 들고나온 것은 염치없다"며 다음과 같이 말한다.

지난 2년간 적폐 청산 과정에서 검찰과 밀월을 즐겼다. 진보 진영이 처음 의심의 눈초리를 보낸 것은 지난해 12월 말 검찰이 청와대 특감반의 민간인 사찰을 수사하고 환경부 블랙리스트를 조사하면서부터다. 진보 매체들은 일제히 "지금 검찰 개혁 못하면 반드시 후회할 것"이라며 "촛불 시민들이 검찰을 '우리 편'으로 여기는 것은 큰일"이라고 채찍을 꺼냈다. 하지만 이런 호들갑도 살아 있는 권력에 칼을 댄 검사들이 모두 쫓겨나

면서 잠잠해졌다. 집권 세력이 그렇게 묻어버린 불씨를 조국 수사가 다시 끄집어낸 것이다.[30]

아니 『중앙일보』 칼럼니스트 주장을 인용하다니! 이렇게 외치며 펄쩍 뛸 사람이 많을 게다. 이런 반응에 대해 말하고 싶어 일부러 인용했다. 조중동 쪽 의견이라고 무조건 잘못되었다거나 악하게만 볼 게 아니라 인정할 건 인정해야 한다. 그런데 진보 진영엔 무조건 조중동, 특히 『조선일보』의 주장과는 반대쪽으로만 가는 게 모범 답안인 것처럼 생각하는 사람이 많기 때문에 결코 쉽지 않은 일이다.

"문재인·조국 지지자들과 대화해보면 가끔 기가 막힐 때가 있습니다. 뭔가 반대되는 의견을 밝히면 '아, 그거 『조선일보』가 하는 얘기야. 너 『조선일보』 보냐?' 이런 식으로 얘기합니다. 얘네들 엄마부대나 가스통할배들만큼 단세포적입니다."* 『조

---

* 아래 칼럼에 달린 댓글이다. 고명섭, 「촛불의 전진과 '앙시앵레짐' 해체」, 『한겨레』, 2019년 10월 16일, 27면. 며칠 후 '인터넷 한겨레'에서 이 댓글을 다시 확인하려고 보니 사라지고 없었다. "이 댓글은 사용자들의 신고에 의해 블라인드 되었습니다"라는 안내와 함께. 순진하게도 나는 그간 '블라인드' 처리되는 건 심한 욕설인 줄로만 알았는데, 그게 아니라 사용자들의 다수결에 따른 결정인가 보다. 아니면 '단세포적'이라는 말이 그리 심한 욕설인가?

선일보』를 비판한 어느『한겨레』칼럼에 달린 댓글이다. 나도 "아, 그거『조선일보』가 하는 얘기야. 너『조선일보』보냐?"라는 식의 주장을 수없이 접했기에, 이 기회를 빌려 그런 분들께 꼭 한마디 하고 싶다.

　그런 자세나 생각은 진정한 '안티 조선'이 아니다. 오히려 『조선일보』를 과대평가하고 우러러보는 '조선 숭배'다. 갈등이 있는 사안에는 무조건『조선일보』주장의 반대가 옳다니, 행여 『조선일보』가 진보와 비슷한 주장을 하면 어쩌려고 그러는가? 실제로 그런 경우가 무수히 많은데, 왜『조선일보』를 보지도 않으면서『조선일보』의 주장과 똑같은 생각을 하는가?『조선일보』가 죽으라고 하면 살고 살라고 하면 죽을 생각인가? 이제 제발 '조선 숭배'를 넘어서,『조선일보』가 뭐라고 말하건『조선일보』평계를 대지 말고 독자적으로 이성적인 논쟁에 임해야 하지 않을까?

'『TV조선』'과 조중동은 '박근혜 탄핵'의 공로자였다

멀리 갈 것도 없이 지난 국정 농단 사태로 돌아가보자. '박근혜 탄핵'의 불쏘시개 역할을 한 건 바로 '『TV조선』'이었다. 2016년 7월 26일『TV조선』은 "청 안종범 수석, 500억 모금 개입 의혹"

리포트를 내보냄으로써 이제 곧 불거질 '박근혜·최순실 게이트'의 서막을 열기 시작한 것이다. 이런 내용이었다.

"미르재단 설립 두 달 만에 대기업에서 500억 원 가까운 돈을 모았는데, 안종범 대통령 정책조정수석비서관이 모금 과정에 깊숙이 개입한 정황이 드러났다. 삼성, 현대, SK, LG, 롯데 등 자산 총액 5조 원 이상 16개 그룹 30개 기업이 미르재단에 돈을 냈는데, 설립 두 달 만에 486억 원을 모았다."

『TV조선』은 7월 27일엔 "안 수석 말고도 미르재단에 영향력을 행사한 막후 실력자가 있었다. 현 정부 들어 문화계 황태자로 급부상한 CF감독 차은택"이라고 보도했으며, 8월 2일엔 "전경련이 중간에 나서 기업 돈을 모아준 곳은 미르뿐만이 아니었다. K스포츠라는 체육재단법인에도 380억 원 넘게 거둬준 것으로 확인됐다"고 보도했다.[31]

이후 조중동 모두가 박근혜 탄핵으로 가는 길을 여는 데에 적잖은 기여를 했다. 그들은 내심 박근혜 탄핵이 더불어민주당과 문재인에게 이로울 것이라는 쓰라린 심정을 갖고 있었겠지만, 민주국가에서 지켜야 할 최소한의 '상식'과 이에 근거한 여론의 압박을 외면할 수 없었기 때문에 그랬을 것이다. 오죽하면 이른바 '애국보수'세력이 조중동을 싸워야 할 적으로 규정했겠는가.

조갑제닷컴 대표 조갑제는 2016년 12월 12일 「친박은 '보수의 적敵' 조중동과 싸워야 살 길이 열린다」라는 칼럼에서 "특종과 선동 보도로 박근혜 대통령에 대한 탄핵 소추를 사실상 주도한 조중동 세 신문사가 이번 주부터는 '이념적 배신자'인 비박계 편을 노골적으로 들면서 겁먹은 친박親朴 세력을 압박하는 데 공조하고 있다"며 다음과 같이 주장하고 나섰다.

"조중동은 박근혜 대통령을 동네북으로 삼아 한국 언론 사상 최악의 조작, 은폐, 왜곡의 기록을 세우고 있다.……세 신문은 연일 한국의 보수를 때리고 있는데 한국 보수의 가장 큰 암적 존재는 조중동, 그들이다. 오만, 간교, 그리고 바보스러움으로 보수를 분열시키는 데 앞장선 이들은 보수적 가치를 말할 자격을 잃었다. 보수는 진실, 정의, 자유를 3대 가치로 여긴다. 진실을 수호해야 할 직업인인 기자들이 좌파를 위한 선동에 나서면 이들은 보수의 친구가 아니라 보수의 적이다. 조중동 세 신문은 촛불 민심만 선전해주었지 촛불 시위를 주도한 세력의 좌편향성을 알리지 않았다.……조중동은 보수의 배신자일 뿐 아니라 저널리즘의 배신자이다."[32]

그 속내가 무엇이었건, 조중동은 자신들의 '이념적·정파적 손실'을 감수하면서도 '상식'을 택했고, 그래서 일부 보수세력에서 '한국 보수의 가장 큰 암적 존재'라는 말까지 들어야 했다. 누군가를 증오하다 보면 상대를 과소평가하는 오류를 저지르기 십상이다. 이는 조중동 반대자들이 흔히 저지르는 오류다. 조중동은 바보가 아니다. 매우 영악하다!

그들은 시장에서 살아남고 성장하기 위해 보수와 더불어 중도세력의 민심까지 염두에 둔 행보를 보이며, 그 과정에서 옳은 말을 하기도 한다. 어떤 정파적 이슈에 대해 진보 언론보다 조중동이 옳은 말을 한 경우도 많다. 조중동의 '옳음'에 대한 과소평가와 조중동의 '그름'에 대한 과대평가 모두 지양하는 게 진정한 '안티 조중동'임을 굳이 강조할 필요가 있을까?

'선출되지 않은 권력'이 '선출된 권력'을 제압하려 했는가?

자, 어찌 되었건, 앞서 소개한 이철호의 주장에 동의할 필요는 없다. 하지만 차분하게 잘 생각해보자. 여권은 '조국 수호'가 곧 '검찰 개혁'이고 '검찰 개혁'이 곧 '조국 수호'라는 논리를 내세웠지만, 검찰 개혁은 개혁 열망이 강하거나 탁월한 능력을 가진 개인이 아니라 국회가 할 수 있는 일이었다. 우선 당장 패스트트랙에 오른 검찰 개혁 법안만 하더라도 국회 본회의를 통과하려면 현재 재적 의원(297명) 중 과반(149명)의 찬성이 필요한데, 여당인 더불어민주당(128석)에 정의당(6석)이 가세해도 15석 부족하다.* 검찰 개혁을 위해 그 어떤 강력한 개인 리더십이 필요하다면, 그건 국회가 할 수 있는 일을 성공적으로 성사시키기 위해 여야 간 조정 능력이 뛰어난 인물이어야 했다.

　그러나 여권은 그건 아주 사소한 문제로 여긴 채 더 큰 맥락에서 이 사건을 바라보았다. 여권은 '선출되지 않은 권력'이 '선출된 권력'의 인사권에 도전하면서 '선출된 권력'을 제압하려는 '위헌적 쿠데타'를 저질렀다고 주장했다. 표현의 정도 차이는 있을망정, 이게 여권의 일관된 입장이었다. 진보적 지식인, 언론인, 여권 인사가 내놓은 다음 세 주장을 감상해보자.

　　'조국 사태'에 대해선 여러 갈래의 해석과 평가가 가능하지만, 거시적으로는 검찰·언론이라는 '선출되지 않은 권력'이 '선출된 권력'을 제압하려 한 사건…….**

　　선출되지 않은 권력이 대통령의 인사권에 도전하고, 지지율을 잠식하고, 대통령을 겁박하고 있는 모습을 보며 어찌 '구교주인狗咬主人(주인을 물어뜯는 개)'이라 말하지 않을 수 있는가.[33]

● 이 통계를 제시한 『중앙일보』 논설위원 권석천의 말마따나, "검찰 개혁을 위해서라도 통합의 정치를 하지 않으면 안 된다". 권석천, 「다시 돌아오는 '대통령의 시간'」, 『중앙일보』, 2019년 10월 8일, 30면.

조 장관을 넘어 대통령과 맞대결하는 양상까지 왔는데 총칼은 안 들었으나 위헌적 쿠데타나 마찬가지.●●

나는 이런 주장에 대해 그렇게 볼 수도 있는 일면이 있다고 인정하면서도 소 잡는 칼로 닭을 잡으려는 '우도할계牛刀割鷄'의 요소도 있다고 생각한다. 나는 윤석열이라는 사람의 독특한 '퍼

●● 이 말을 한 성공회대학교 NGO대학원장 김동춘은 이어 다음과 같이 말함으로써 균형을 보여주었다는 건 분명히 짚고 넘어갈 필요가 있겠다. 나는 다음 말에 전적으로 동의한다. "조국 가족의 자산 투자나 자녀 진학을 위한 행동들은 이 정부, 더 나아가 586세대에 대한 깊은 실망감을 안겨주었고, 이미 알고 있던 민주진보세력의 이중성과 위선을 다시 한번 들추어냈다. 시민들은 우리 사회의 작동 원리를 좀더 명확하게 알게 되었고, 특정 부류 사람들이 평범한 이들은 생각하지도 못한 방법을 동원해 교육을 통한 지위의 대물림을 시도한 사실을 고통스럽게 확인했다. 물론 '위선'이라는 말조차 적용할 수 없는 세력의 후안무치함이야 더 말할 것도 없다. 그러나 세상을 바꾸겠다는 이들이 '도덕'을 그리 쉽게 무시해선 안 된다. 그러니 보수 언론의 공격에 억울해할 것도 없고, 법적으로는 하자가 없다고 정당화해서는 더욱 안 된다. 이론과 삶의 현장이 분리되면 행동이 말을 따라갈 수 없게 된다. 이제 중산층 학생 운동권 출신들이 보수세력과 일상생활에서 큰 차이를 보여줄 만큼 철학과 가치관을 체화하지 못했다는 것도 인정해야 한다. 청년의 좌절과 보수화는 조국 사태가 드러낸 우리 사회의 가장 큰 숙제다." 김동춘, 「검찰·언론, 선출되지 않은 권력의 카르텔' 끊어내야 한다」, 『한겨레』, 2019년 10월 18일, 5면.
●● 이는 노무현재단 이사장 유시민의 말이다. 배재성, 「유시민 "'논두렁 시계'보다 심각…검檢, 전두환 신군부와 비슷한 정서"」, 『중앙일보』, 2019년 9월 29일.

스낼리티'로 접근하는 게 더 나은 설명이 아닐까 생각한다. 윤석열은 "사람에겐 충성하지 않는다"는 신념으로 적잖은 고초를 겪었으며, 그런 고초의 불리함으로 인해 문재인 정권이 아니었다면 결코 검찰총장이 될 수 없는 인물이었다.

당시 여권 내 일각에서 "윤석열은 통제가 안 되는 사람"이라는 우려가 있었다지만, 문재인을 비롯한 여권 핵심부는 그런 파격적인 인사의 수혜자인 윤석열에게 감읍感泣과 보은報恩까지는 아니더라도 보통의 인간이라면 이런 경우에 당연히 갖기 마련인 최소한의 '인간적 속성'은 있을 거라는 일반적인 인간론으로 접근했다. 문재인이 윤석열에게 임명장을 주면서 "살아 있는 권력의 비리도 엄정하게 수사하라"고 주문하는 여유를 보였던 것도 바로 그런 접근법의 산물이었으리라.

'조국 사태'는 '문재인 사태'였다

그런 미시적 관점을 아예 무시하고 거시적 관점에서 '위헌적 쿠데타'라는 식의 가설을 받아들이면, 여권엔 더 심각한 문제가 제기될 수도 있다. 윤석열은 집권 세력이 온갖 극찬을 아끼지 않으면서 임명한 검찰총장이 아니었던가. 그렇기에 이 가설은 문재인 정권이 '인사 참사'나 '인사 재앙'을 스스로 저질렀다는 걸 인정하는 게 된다. 그렇다면 인사 검증을 엉터리로 해서 스스로 쿠데타를 초래한 정권의 무능과 무책임에 대한 설명과 성찰이 선행되어야 마땅했건만, 그런 이야긴 없었다.

또한 검찰이 검찰 개혁을 저지하기 위해 조국을 낙마시키려는 위헌적 정치 행위를 했다고 보는 여권의 시각이 옳다면, 그건 검찰이 한심할 정도로 어리석은 정치적 수준을 갖고 있음을 말해주는 것 이상의 의미는 없다. 실제로 검찰의 조국 일가 수사는 검찰 개혁에 대한 국민적 열망이 더 강해진 결과만 초래했지 않은가.˙ 검찰이 그렇게 미련한 집단이라는 걸 확인한 게 검찰 개혁의 당위성을 높여줄 수는 있겠지만, 여기서도 내로남불은 어김없이 작동했다.

검찰의 수사가 이례적이었던 건 분명하지만, 검찰의 정치적 행위 의혹은 심증일 뿐 물증은 없었다. 여권은 심증 하나만으로 윤석열을 '공공의 적'으로 매도했다. 반면 조국에 대해선 정반대

˙ 여권과 '조국 수호' 촛불 집회 참여자들은 검찰의 '과잉 수사'에 분노한 것이지만, 과연 과잉 수사냐 하는 점에선 여론이 크게 엇갈렸다. 리얼미터의 9월 24일 조사에선 검찰 수사가 과도하다는 의견이 49.1%, 적절하다는 의견이 42.7%였지만, 10월 4일 조사에선 적절하다는 의견이 49.3%, 과도하다는 의견이 46.2%로 나타났다. 김현정·이택수, 「[여론] 검찰의 조국 가족 수사 "적절 49.3 vs 과도 46.2"」, 『CBS 김현정의 뉴스쇼』, 2019년 10월 7일.

의 자세를 보였다. "본인이 책임져야 할 명백한 위법 행위가 확인되지 않았는데도 의혹만으로 임명하지 않는다면 나쁜 선례가 될 것"이라는 이유로 법무부 장관에 임명했다.

그런 논리라면 이미 그간 수많은 공직 후보자 중 도덕적 문제나 의혹만으로도 사퇴한 '나쁜 선례'가 수북이 쌓여 있으며, 국민은 그런 선례에 전폭적인 지지를 보냈는데, 왜 이제 와서 갑자기 그런 엉뚱한 주장을 했던 걸까? 뒤늦게라도 일관성을 유지하려면 검찰에도 일단 그런 선의 해석을 해주었어야 공정한 게 아니었을까?

그러나 이런 논의는 사실 하나마나한 이야기다. '조국 사태'는 '조국 사태'가 아니라 '문재인 사태'였다는 게 진실에 가깝기 때문이다. 문재인이 취임사에서 약속한 '소통하는 대통령'의 원칙에 충실했더라면, 이 사태는 8월에 깔끔하게 끝낼 수 있었고, 그리 되었어야 마땅한 일이었다.

8월에 나온 모든 여론조사 결과는 조국 임명 반대 의견이 찬성보다 2배 이상 많았다. 한국리서치-KBS 조사에선 '48 대 18',[34] 『중앙일보』 조사에선 '60 대 27',[35] 한국갤럽 조사에선 '57 대 27' 등이었다.[36] 더욱 심각한 건 주요 반대 이유가 그간 늘 민심이라는 활화산 폭발의 뇌관 노릇을 해온 자녀 입시 부정 의혹이었다는 점이다. 이건 "잠깐 시끄럽다 사라지는" 종류의 문제가 아니라는 건 그간의 역사가 입증하기에, 문재인은 이때 결단을 내렸어야 했다.

조국 임명 반대 의견이 찬성보다 2배 이상 많았다는 건 반대에 문재인 지지자들의 상당수도 가담했다는 걸 의미했다. 하지만 문재인이 생각을 바꾸지 않자 지지자들은 '조국 사태'를 '문재인 사태'로 인식하고 "문재인을 지켜야 한다"는 마음으로 이 희대의 '국론 분열 전쟁'에 참전한 것이다. 이로써 결국 조국이 곧 문재인이 되는 사태가 벌어진 것이며, 그 과정에서 전쟁의 명분으로 '검찰 개혁'이 과도하게 부풀려진 상태로 등장한 것이다. 물론 하나의 가설일 뿐이지만, 이런 가설도 가능하다는 걸 한 번쯤 생각해보는 게 좋겠다.

'조국 사퇴' 직후 리얼미터 조사에선 '잘한 결정'이라는 긍정 응답은 62.6%로 '잘못한 결정'이라는 부정 응답(28.6%)의 2배가량이었으며,[37] 한국갤럽 조사에선 '64% 대 26%'였다.[38] 이 수치가 조국 임명 반대 의견이 찬성보다 2배 이상 많았던 8월의 여론조사 결과와 비슷하다는 게 흥미롭지 않은가? 이 또한 이 가설의 타당성을 말해주는 게 아닐까? '조국 수호'를 외친 사람들의 상당수가 실은 '문재인 수호'를 위해 나선 것이었으며, 그래서 문재인이 승인한 '조국 사퇴'를 긍정한 게 아니었겠느냐는 것이다. 다시 원래대로 돌아간 셈인데, 지난 66일간의 전쟁은 과연 무엇을 위한 것이었는지 묻지 않을 수 없다.

여권이 정말 검찰 개혁을 원하기는 했던 건가?

그런데 여권이 정말 검찰 개혁을 원하기는 했던 건가? 박근혜 탄핵 촛불 집회가 한창이던 2016년 12월로 돌아가보자. 이때 이루어진 조사에 따르면 집회 참여자의 11%가 원래 새누리당 지지자였으며, 원래 새누리당 지지자 중에서 지지를 철회한 사람이 60%를 넘었고 박근혜 전 대통령의 책임을 물은 사람도 50%에 달했다. 이런 민심을 반영하듯, 새누리당 의원 중 탄핵에 찬성한 사람이 62명이었다.[39]

앞서 지적했듯이, 2017년 5월 10일 대통령에 취임한 문재인의 지지율은 한동안 80%대 중반까지 치솟을 정도로 높았다. '대통령이 잘하고 있다'며 지지를 보내는 국민이 80%를 넘은 것은 1993년 10월 김영삼 대통령(86%) 이후 24년 만이었다.[40] 이런 높은 지지율이 취임 100일까지 이어지자 지지자들은 "이 정도로 높을 줄 몰랐다"며 '우리이니 하고 싶은 거 다해'라고 외쳐댔으며, 당황한 보수 언론은 "지지율 독재로 가고 있다"고 한탄할 뿐이었다.[41]

2018년부터 지지율은 크게 떨어지기 시작하지만, 적어도 2017년은 내내 '문재인의 시간'이었다. 박성민이 잘 지적한 것처럼, "검찰 개혁이 그토록 중요한 과제였다면 (탄핵 연대의 에너지가 충만했던) 2017년 개혁의 골든타임을 놓치지 말았어야 했다".[42]

그러나 문재인 정권은 그렇게 하지 않았다. 검찰 개혁이 '시급하고 절실하다'는 말은 조국 사태의 와중에서 나왔을 뿐, 내내 검찰 개혁을 외면하는 걸 넘어서 오히려 정반대로 행동했다. 문재인 정권이 추진하는 검찰 개혁의 주요 의제 중 하나가 검찰 특수부 폐지다. 그러나 이걸 외치기 직전까지 문재인 정권은 검찰의 특수 수사 권한을 강화시키고 서울중앙지검 특수부 검사 규모를 2배 가까이 늘리는 등 검찰 개혁에 역행하는 일들을 해왔다.[43]

10월 15일 법무부 국정감사장에서 나온 더불어민주당 의원 금태섭의 지적에 따르자면, "제 소신은 특수부 폐지다. 그런데 박상기 장관 시절 법무부는 줄기차게, 정말 줄기차게 특수부를 폐지할 수 없다고 주장했다. 실제로 그때 서울중앙지검 특수4부를 만들었다. 4차장도 만들었다".[44]

조변석개朝變夕改도 정도 문제 아닌가. 여당인 더불어민주당은 '피의사실 공표'를 검찰 개혁의 주요 의제로 내세우면서 조국 일가 수사와 관련해 검찰을 고발하기까지 했지만,* '피의사실 공표'를 이용한 여론전을 박근혜 국정 농단 응징과 적폐 청산의 주요 도구로 활용한 것에 대해선 아무런 말이 없었다. 그 과정에서 자살자가 4명이나 나왔지만, '인권' 문제를 제기한 사람은 아무도 없었다.

일관성은 없는 반면 정략적 고려는 많은 '내로남불'식 접근법으론 그 어떤 개혁도 기대하기 어렵다. 검찰 개혁을 지난 2년 여간 미룬 채 개혁되지 않은 검찰을 이용한 건 적폐 청산이라는 시대적 과업을 위해 불가피했다고 변명한다면, 이는 전형적인 소탐대실小貪大失이다. 2017년 개혁의 골든타임 시기에 검찰을 개혁했다고 가정해보자. 그렇게 개혁된 검찰로는 적폐 청산을 하기가 어렵다고 한다면, 도대체 왜 개혁을 해야 한단 말인가? 적폐 청산과 같은 일은 앞으로도 계속 필요할 텐데 말이다.

검찰 개혁과 정치 개혁을 분리할 수 있는가?

돌이켜보면, 어느 정권을 막론하고 늘 그런 식이었다. 정권이 바뀔 때마다 크고 작은 적폐 청산이 이루어졌는데, 그때마다 검찰이 도구로 활용되었다. 이게 누적된 게 지금 문제로 지적되고

● 2019년 10월 2일 더불어민주당이 조국 법무부 장관 일가 의혹을 수사 중인 검찰을 '피의사실 공표' 혐의로 고발하자, 더불어민주당 내부에서조차 "여당이 검찰을 고발한다는 것은 말이 되지 않는 부끄러운 일"이라며 "집권 여당이 무능하다는 것을 방증하는 조치밖에 더 되느냐"는 탄식이 나왔다고 한다. 김혜영·류호, 「'조국 일가 수사 검사' 검찰 고발한 여당…당내서도 "부끄럽다" 탄식」, 『한국일보』, 2019년 10월 3일, 5면.

있는 검찰의 온갖 병폐를 키워온 것이다. 검찰 개혁과 정치 개혁을 분리해서 할 수 있다고 믿는 순진하거나 혹은 정반대로 음흉한 생각이 문제의 근원인 셈이다.

'피의사실 공표' 문제야말로 그런 이중성을 잘 보여주는 사례다. '피의사실 공표'가 악惡인가? 연세대학교 교수 박명림이 잘 지적했듯이, "피의사실 공표로 더 큰 정치적 이익을 본 쪽은 보수 우파가 아니라 진보개혁세력이다. 전두환·노태우 처벌, 박근혜 탄핵, 적폐 청산 과정에서 이는 최대한 활용되었다. 즉 필요하되, 인권 보호와 민주개혁, 공론 형성과 언론 자유 모두에서 양면적이다".[45]

대통령이 아무리 정의롭고 선하다 해도 대통령 중심의 검찰 개혁은 개혁이 아니라 개악이라는 건 두말할 나위가 없다. 성공적인 검찰 개혁의 전제 조건은 역지사지易地思之다. 반대 세력이 집권을 했을 때도 작동할 수 있고 바람직하다고 여길 방안을 내놓아야 한다는 것이다.*

더불어민주당 대표 이해찬은 그간 '20년 집권론'에 이어 '50년 집권론'을 주장하더니, 2019년 2월엔 '100년 집권론'까지 내놓았다. 실소失笑를 자아내게 하지만, 그게 어디 그 혼자만의 생각이겠는가. 이런 장기 집권론은 나름의 좋은 뜻이 있어서 역설한 것이겠지만, 현 집권 기간의 실패 가능성에 대한 '면죄부'의 용도로 오해되기 십상이다. 더 큰 문제는 그런 자세가 자기성찰과 더불어 역지사지易地思之를 어렵게 함으로써 정쟁政爭의 극대화를 가져올 수 있다는 점이다.

검찰 개혁 의제 중에서도 '피의사실 공표' 논란은 전형적인 강남 좌파 의제다. 『KBS』〈일요진단 라이브〉가 한국리서치에 의뢰해 2019년 9월 26일과 27일 이틀 동안 만 19세 이상 성인 남녀 1,002명을 대상으로 설문조사를 한 결과가 그걸 잘 말해준다. '고위 공직자와 국회의원에 대한 검찰 수사 과정에서 피의사실을 공표하는 것에 대해 어떻게 생각하는가'라는 질문에

● 이와 관련, 박명림은 "검찰 개혁의 핵심 중의 핵심은 검찰의 정치 중립과 견제 장치의 확보다"며 이렇게 말한다. "이를 위해 검찰청법상의 '검사의 임명과 보직은 법무부 장관의 제청으로 대통령이 한다'(제34조)는 조항은 꼭 폐지해야 한다. 이는 검찰청법 제정 당시부터(1949년. 법률 제81호 20조) 일관된, 권력의 검찰 장악과 통제의 핵심 조문이다. 검찰총장에 대한 대통령의 임면권도 응당 폐지되어야 한다. 이 두 조문을 폐지하지 않는 한 검찰 개혁은 허구다. 대안은 호선과 추첨이다. 즉 검찰 독립과 의회·시민 통제를 위한 최선의 대안은 검찰총장을 유자격자(대검 검사) 중에서 호선·추첨 후 국회 동의를 받는 것이다. 권력기관 수장의 호선·추첨의 방식은 근대 민주공화주의의 한 중요한 원리다. 고위 공직자 비리 수사처장에 대한 대통령 임명은 더 안 된다. 검찰총장과 공수처장을 모두 대통령이 임명하는, 초제왕적 대통령의 이중 검찰 장악은 유례가 없다. 대통령의 권력을 더욱 강화시켜 민주주의를 위협할 뿐이다. 대통령제 선진 민주국가에는 대통령이 임명하는 공수처는 존재하지 않는다. 그러한 기구는 민주주의 원리에 위반된다." 박명림, 「조국 사태⋯검찰을 반드시 개혁하자」, 『중앙일보』, 2019년 10월 2일, 31면.

64%가 '피의사실 공표가 허용되어야 한다'고 답했다. '금지되어야 한다'고 답한 사람은 24%에 불과했다. '모르겠다'는 답변은 12%였다.[46]

일반 시민의 인권 의식이 낮아서 그런 결과가 나온 걸까? 그게 아니다. 국민은 정치적 권력과 경제적 권력을 가진 사람들에 대한 감시를 더 중요하게 생각하기 때문이다. 정치와 주요 권력 기관에 대한 국민적 신뢰도가 바닥을 치는 상황에서 피의사실 공표를 통해 여론이라는 압박 수단이 필요하다고 보는 현실론은 보수 정권하에서 진보 진영이 갖고 있던 생각이 아니었던가.

어쩌다 검찰에 불려간 경험이 있는 사람이라면 검찰에 치를 떨 수도 있겠지만, 대부분의 국민은 검사 얼굴의 실물 구경도 해보지 못한 채 세상을 살아간다. 그렇다고 해서 이전처럼 피의사실 공표를 해도 좋다거나 그 관행을 그대로 두자는 게 아니다. 어떤 문제건 그 양면성을 이해하는 포괄적 접근법으로 가야지 선악 이분법으로 접근하는 건 성공하기 어려울 뿐만 아니라 더 큰 부작용을 낳을 수 있다는 것이다.

왜 1960년대 미국 신좌파를 흉내내는가?

한국의 진보 정치가 늘 중·하층의 민생을 외면한다는 주장에

펄쩍 뛸 사람이 많을 것이다. 당연하다. '최저임금제'와 '주 52시간제'를 비롯한 소득주도성장 정책처럼 중·하층의 민생을 배려하는 정의롭고 선한 정책이 그간 얼마나 많이 나왔는데, 그런 궤변을 늘어놓는가? 이런 반문이 쏟아져나올 것 같다. 맞다. 하지만 여기서 앞서 던진 질문을 다시 음미해보자. 의도가 정의롭고 선하면 그 어떤 결과가 나오더라도 괜찮은가?

문제는 현실주의다. 우리 주변엔 "이상주의는 진보, 현실주의는 보수"라는 통념을 갖고 있는 사람이 의외로 많다. 이상주의자들 가운데 진보가 많고, 현실주의자들 가운데 보수가 많다는 데엔 수긍할 수 있어도 그렇게 보는 것엔 결코 동의할 수 없다. 우리는 이상주의와 현실주의라는 말을 쓸 때에 목적론과 방법론을 구분하지 않는 경향이 있지만, 미국의 급진 좌파로 빈민운동가였던 솔 알린스키Saul Alinsky, 1909~1972처럼 방법론적 현실주의를 주장하는 진보주의자들도 있다.

알린스키는 "있는 그대로의 세상과 우리가 원하는 세상 사이엔 큰 차이가 있다"며 사회개혁운동이 '있는 그대로의 세상'과 조응할 것을 요구했다.[47] 그는 1960년대의 미국에서 반反자본주의 투쟁을 벌이던 운동권 학생들, 즉 신좌파New Left 학생들의 '중산층 급진주의' 또는 '정서적 급진주의'에 대해 비판적이었다. 신좌파가 혁명 의욕에 충만한 나머지 '있는 그대로의 세상'이 아니라 '자기들이 원하는 세상' 중심으로 운동을 전개한다고 보았기 때문이다. 오늘날 한국의 여권이 신좌파를 흉내내는 게 아닌가 하는 생각이 들 정도로 둘의 행태는 비슷한 면이 많다.

알린스키는 신좌파의 진정성마저 의심했다. 세상을 있는 그대로 보지 않는다는 이유 때문이었다. 그는 "그들은 사회를 바꾸는 데에 관심이 없다. 아직은 아니다. 그들은 그들 자신의 일, 자신을 발견하는 것에만 관심을 두고 있다. 그들이 원하는 것은 자기 존재 증명revelation일 뿐 혁명revolution이 아니다"고 했다.[48] 신좌파가 알린스키의 운동 방식은 '퇴폐적이고, 타락하고, 물질주의적인 부르주아 가치'의 전복은 물론 '자본주의 타도'와 거리가 멀지 않느냐고 이의를 제기하자, 알린스키는 냉소적으로 이들에게 이렇게 쏘아붙였다.

"그 가난한 사람들이 원하는 게 '퇴폐적이고, 타락하고, 물질주의적인 부르주아 가치'의 향유에 동참하는 것이라는 걸 모르는가?"[49]

당시 신좌파는 주로 아이비리그대학 출신으로 한국의 강남좌파와 비슷한 속성을 갖고 있었다. 신좌파가 처음에 가진 순수한 이상은 나무랄 게 없을 정도로 숭고한 것이었지만, 이들은 현실과 동떨어진 이상에 매몰된 나머지 실제로 정의롭기보다는 정의롭게 보이는 걸 좋아했다. 보여주는 데에만 치중했을 뿐, 어떤 주장을 어떻게 현실화시켜 성공을 거둘 것인가 하는 문제에선 무관심했고 무능했다. 있는 그대로의 세상에 맞춘 단계적 의제와 전략·전술을 구사하기보다는 자신들이 원하는 세상에 맞춘 당위 일변도로 나아감으로써 실패를 자초했다. 그뿐만 아니라 있는 그대로의 세상에 맞춘 의제와 구체적 대안 개발에 소홀하다 보니, 주로 '당위'의 천명을 통해 자기 정체성을 확인하려는 행태를 보였다. 오늘날 한국의 진보 정치권이 빠져 있는 함정이 바로 이것이다.

'진보적인 척' 하는 게 '진보' 는 아니다

'최저임금제'와 '주 52시간제'를 살펴보자. 얼마나 아름다운 정책인가. 그 아름다움을 결과로까지 이어지게 만들기 위해선 이 정책들이 시행될 때 생겨날 수 있는 '의도하지 않은 결과'나 부작용에 대해 만반의 준비를 갖추어야 한다. '악마의 변호인Devil's Advocate'을 대거 초청해서라도 돌다리를 두들겨 보는 심정으로 반드시 성공시켜야 한다.[50] 이게 바로 현실주의적 진보, 또는 진보적 현실주의다.

그러나 문재인 정권은 그렇게 하지 않았다. 오직 당위만 있었다. 심각한 부작용이 터져나오자 뒤늦게 급조해낸 보완책이 먹힐 리 만무했다. '후퇴'라거나 '굴복'이라며 펄펄 뛰는 노동계와의 갈등만 키우는 꼴이 되어버리고 말았다. 처음부터 워낙 당위를 강하게 밀어붙였기 때문에 진보 진영 내에서 "어, 저런 식으로 하면 안 되는데……"라는 생각을 가진 사람이라도 입을 벙긋하기가 힘들었다. 무슨 이의 제기라도 할 것 같으면 그 정책에 반대하는 사람으로 찍혀 온갖 욕설과 모함을 감당해야 했기 때문이다.

비정규직 문제는 어떤가? 진보적 현실주의로 가려면 정규직의 '양보'가 전제되어야 한다. 그걸 과감하게 공론화했어야 했다. 모두를 만족시키면서 비정규직 문제를 풀 수는 없다. 단계별로 공공기관의 정규직화부터 먼저 하겠다면, 미리 '모든 비정규직의 정규직화'가 과연 가능한 프로젝트인지, '1% 개혁론'처럼 오지도 않을 그날을 위해 '선별적 특혜'를 베푸는 건 아닌지도 따져보았어야 했다. 그러나 그런 준비는 없었다. "공공기관 비정규직을 전부 정규직화하겠다"는 대통령의 선언이 먼저 나왔다.

'톨게이트 비정규직 요금 수납원 사태'처럼 이 선언에 자극받아 정규직화를 요구하는 격렬한 시위가 벌어졌다. 쟁점은 공공기관이 자회사를 만들어 채용하는 걸 정부가 약속했던 정규직화로 볼 수 있는지의 문제였다. 그렇게 보는 건 사기극이라는 게 시위자들의 주장이었다.[51] 그렇다면 '공공기관 비정규직 제로' 선언을 한 정부는 어느 쪽이건 답을 해야 했다. 물론 답은 없었다. 중요한 건 아름다운 당위의 대향연이었지, 구체적인 현실 문제는 애초에 안중에도 없었기 때문일 게다.

시간강사법은 어떤가? 시간강사에게 교원의 지위를 부여하고, 임용 기간을 1년 이상 법적으로 보장하며, 방학 기간 중에도 임금을 지급하고 4대 보험을 적용해 처우를 개선해주자는 취지의 법률이니, 이 또한 사실상 착취당하는 시간강사들을 위한 아름다운 법이다. 논의 단계에서 이의를 제기했다간 기득권 유지를 위한 탐욕으로 몰매 맞기 십상이었다.

하지만, 어떤 일이 벌어질지 눈에 훤히 보이는데도 정부는 아름다움에 사로잡힌 나머지 대학들도 아름답게 굴 거라고 생각했을까? 결과는 강사 대량 해고 사태였다. 정확한 통계는 나오지 않았지만, 1만 명에서 2만 명에 이르는 시간강사들이 거리로 내쫓기고 말았다.[52] 정부의 고충을 모르는 건 아니지만, 이건 허술해도 너무 허술한 정책이 아니었을까? 우리 모두 "'진보적인 척'하는 게 '진보'는 아니다"는 원칙을 재확인해둘 필요가 있지 않을까?

로스쿨은 어떤가? 비싼 로스쿨 비용 때문에 경제적 취약 계층의 법조계 진입이 막혔다는 건 이제 상식으로 통한다. 그래서 나온 게 '현대판 음서제' 혹은 '로스쿨과 MBA는 돈으로 사는 것'이라는 말이다. 진보 언론뿐만 아니라 보수 언론도 그렇게 비판한다.[53] 2019년 기준으로 로스쿨생의 54.1%가 월 소득 930만 원 초과인 소득분위 8~10분위에 속하는 고소득층 자녀들이다. 'SKY'

로 분류되는 서울대학교·고려대학교·연세대학교 학생들의 고소득 쏠림 현상은 훨씬 심하다.[54] 전국 21개 로스쿨의 2019학년도 신입생 출신 대학을 분석한 자료에 따르면 전체의 48.6%가 서울대학교·고려대학교·연세대학교 학생, 이른바 'SKY' 출신이었다. 서울대학교 로스쿨로 한정하면 신입생 152명 중 140명, 무려 92%가 SKY 출신이었다.[55] 로스쿨은 당초 법률 시장 개방으로 시장 규모가 확대될 것에 대비해 다양한 전문 분야와 국제 경쟁력을 갖춘 법조인을 양성해야 한다는 명분으로 추진되었지만, 그런 부작용은 모두 예견된 것이었다. 그럼에도 온갖 반대를 무릅쓰고 이걸 악착같이 도입한 주체가 진보 정권이었다는 게 믿어지는가?

이 모든 문제를 진보 정권과 강남 좌파의 탓으로만 돌릴 수는 없는 일이다. 여기서 하고자 하는 말은 한국 정치가 늘 중·하층의 민생을 외면하는 데엔 개혁 의제 설정에서 정치인들의 당파성과 더불어 가용성 편향이 작동한다는 것이고, 그런 점에서 강남 좌파형 진보 정치가 높은 개혁적 열망에도 심각한 문제를 야기할 수 있다는 점이다.

중·하층의 민생을 외면하는 주범은 보수파라고 목소리를 높일 사람이 많을 게다. 아니 '수구꼴통'이라고 욕하면서 그들이 중·하층의 민생을 보살피려는 진보파의 노력을 좌절시킨다고 핏대를 올릴 게 틀림없다. 이런 정서의 연장선상에서 진보 내부의 문제를 지적하는 대신 그 시간과 노력을 수구꼴통 비판에 바치라고 요구하는 사람도 많다.

일견 맞는 말이지만, 번지수를 전혀 잘못 짚었다. 왜 그런가? 이들의 보수 혐오를 그대로 수용하는 선에서 이야길 해보자면, 그냥 이대로가 좋다는 수구꼴통들의 그런 행태는 당연한 게 아닌가? 그걸 여태까지 몰랐단 말인가? 중·하층의 민생을 우선시하면서 그걸 관철시켜야 할 책임은 진보파에 있는 게 아닌가? 수구꼴통을 완전히 제압하는 건 불가능하지만, 설사 그게 가능하더라도 진보파가 강남 좌파적 의제 설정으로 개혁에 임한다고 해서 민생의 무엇이 달라질 수 있을까?

진보파는 그간 수구꼴통을 제압하기는커녕 오히려 내부의 잘못된 의제 설정과 도덕적 우월감으로 인한 독선과 오만으로 스스로 무너지면서 수구꼴통의 전성시대를 만들어준 전과가 있지 않은가? 자기 탓을 해야 할 일마저 남 탓을 하는 못된 버릇, 그 이유는 과연 무엇일까? 이 문제는 다음 장에서 살펴보기로 하자.

제 3 장

왜
'도덕적 우월감'이
진보를 죽이는가?

'민생 개혁'과
'민주화 운동' 동일시 오류

386세대의 고유한 사고방식

박근혜 정권의 국정 농단을 응징하고 새로운 정권 교체를 이루어낸 촛불 시위는 '위대한 혁명'으로 예찬되었다. 무엇이 그런 혁명을 만들어낸 걸까? 전병역은 "'1,500만 촛불'의 원동력은 박근혜 정부에 대한 분노만이 아니다"며 "그 근저에는 새로운 세상을 향한 요구가 있다. 수년째 화두인 저출산 문제의 바탕에도 임금·교육비·주거비가 깔려 있다"고 했다.[1]

촛불 정권은 그런 요구를 충족시키지 못했고, 2018년 여름부터 서울 부동산 가격이 급등하는 현상을 보였다.* 반면 지방의 부동산 가격은 급락했다. 서울과 지방의 집값 격차는 날이 갈수록 벌어져 상위 20% 아파트 값이 하위 20%의 6배를 넘어섰다.[2] 서울과 지방의 격차는 날이 갈수록 벌어지고, 청년 세대의 일자리 문제는 암담한 상황이 지속되고 있다.

프랑스 사회학자 앙리 르페브르Henri Lefebvre, 1901~1991는 "일상이야말로 그 모든 혁명이 실패하는 원인"이라고 했는데,** 지금 우리가 처해 있는 상황이 바로 그것이다. 일상은 먹고사는 문제다. 촛불 혁명의 덕에 집권한 문재인 정권은 먹고사는 문제보다는 적폐 청산에 큰 관심을 기울였다. 두 가지는 동시에 할 수 있는 일이었기에 그게 문제될 건 없었지만, 문제는 문재인 정권의 주축 세력인 운동권 386 출신의 '아비투스habitus(습속)'다.

아비투스는 프랑스 사회학자 피에르 부르디외Pierre Bourdieu,

- 『중앙일보』 논설위원 이현상은 "이 정도면 미쳤다는 표현이 딱 어울린다"고 했다. "눈 떠보니 억 단위로 올라 있는 건 예사다. 위약금까지 물어주고 계약된 물건을 거둬들이는 집주인까지 생겼다. 집값 잡겠다는 정부 말을 믿고 집 구매를 미뤘거나 팔아버린 사람들은 가슴을 친다. 무능한 정부를 원망할 기운조차 없다. 이런 정부를 믿은 자신의 어리석음을 탓할 뿐이다." 이현상, 「'옥탑방 시장님'이 답해야 할 질문들」, 『중앙일보』, 2018년 8월 24일.
- ** 이에 대한 김영민의 멋진 해석을 들어보자. "대의大義는 혁명을 부르짖고 정당화한다. 그러나 혁명 이후의 생활을 건사하기에 대의와 명분은 거칠고 직절直切하다. 그 모든 혁명적 창업創業과 달리 나날의 수성守城은 낮디낮은 일상이며, 일상의 촘촘한 조직은 창업의 명분만으로 감쌀 수 없고 당위의 슬로건만으로 보듬을 수 없다.……고백이 섹스가 아니듯이, 혁명의 기억만을 먹고살수는 없다. 그 혁명을 배신하지 않는 길은 그 기억의 가치를 일상 속에 실천적으로 전유하는 자잘한 노릇과 버릇밖에 없다." 김영민, 『산책과 자본주의』(늘봄, 2007), 119~121쪽; 앙리 르페브르Henri Lefebvere, 박정자 옮김, 『현대세계의 일상성』(세계일보, 1968/1990), 72~73쪽.

1930~2002가 사람의 마음속에 내면화된 사회질서를 가리켜 쓴 말인데, 이걸 바꾸는 게 영 쉽지 않다. 역지사지易地思之해서, 운동권 386이 싫어하거나 경멸하는 공안 검사들을 생각해보라. 오랜 세월에 걸쳐 형성된 공안 검사들의 세계관이나 인간관이 쉽게 바뀌지 않는다는 걸 인정한다면, 자신들의 내면에도 바뀌지 않는 그 어떤 유별난 습속이 있으리라는 데에 흔쾌히 동의할 수 있을 것이다. 운동권 출신이 아닌 386은 그 유례를 찾기 어려울 정도로 폭압적인 독재정권에 맞서 싸운 운동권에 대한 강한 채무감 또는 죄책감을 갖고 있기 때문에 운동권 못지않은 운동권 마인드를 갖고 있다는 점도 감안할 필요가 있겠다. 역사의 비극이다.

2016년 총선에서 386세대(당시 47~56세) 당선인은 132명으로 전체의 44.0%를 차지해 명실상부한 국회의 대세가 되었다. 특히 제1당인 더불어민주당은 123명의 당선인 가운데 386세대가 66명(51.2%)으로 과반을 넘었다.[3] 현재 더불어민주당 의원 128명 가운데 386세대는 총 68명인데, 이들 모두 대졸자였다. 인서울 대학 졸업자는 57명이었고 그중 서울대학교 15명, 연세대학교·고려대학교는 각각 10명이었다.[4] 문재인 정부 장·차관 중 63%, 청와대 수석의 70%가 386세대다.[5]

『중앙일보』는 386세대가 공유하는 사고방식의 고유한 특성으로 ① "우리가 독재를 끝냈다"……낙관적 진보주의, ② "우리

가 대학 다닐 때는 말이야"……집단주의와 선민의식, ③ "우리
는 선, 너희는 악"……진영 논리와 이분법적 사고, ④ "반미, 반
제, 자주"……감성적 민족주의, ⑤ 탈인습적 가치관 등을 들었
다. 자신들이 옳다고 믿는 '대의'를 위해 작은 것들은 희생할 수
있다고 생각하는 경향도 386세대의 특성으로 꼽힌다고 했다.[6]

『중앙일보』 등 보수 언론이 이렇듯 386세대의 문제점을 지
적하는 것에 대해 진보 진영은 불편한 기색을 드러냈다. 서강대
학교 사회학과 교수 전상진은 "'386 때리기'가 국민 스포츠"라고
했지만,[7] 『한겨레』 정치팀 선임기자 성한용은 "난세에는 요설이
판친다"며 훨씬 공격적인 자세를 보였다. "이른바 보수는 조국
사태를 계기로 정치 지형을 '박근혜 탄핵' 이전으로 되돌리기 위
해 안간힘을 쓰고 있다. 가장 위력적인 선동은 세대 갈등 부추
기기다. 조국 장관을 '운동권 출신 386'의 상징으로 세우고, 그
아래 세대를 '386세대'와 분리하려는 시도다."[8]

적이 선명한 '민주화 투쟁'과 민생의 차이

성한용이 우려하는 그런 점이 없진 않겠지만, 보수라고 해서 아
무런 근거 없이 무無에서 유有를 만들어내진 못한다. 또한 386세
대 비판엔 많은 진보적 인사도 나서고 있다는 점도 감안할 필

요가 있겠다. 언제 다른 기회에 자세히 다루겠지만, 나는 최근 386세대와 관련해 불거진 '세대론 대 계급론'의 갈등은 그리 어렵게 생각할 문제가 아니라고 생각한다. 이게 굳이 양자택일할 필요가 있는 문제일까? 계급론을 더 중시하되, 계급론만으로 설명이 안 되는 걸 세대론으로 보완해주고, 세대론으로 안 되는 걸 계급론으로 보완해주면 될 것 아닌가.

생각해보라. 386세대는 특별한 역사적 환경에서 20대를 보내고 이후 특별한 역사적 기회를 누린 사람들이다. 그들의 주요 인생행로엔 민주화 투쟁, IMF 외환위기, 부동산 대투기, 사교육 시장 폭발, 고성장 시대의 종언 등 굵직한 역사적 모멘텀momentum이 있었다. 그들은 민주화 투쟁에서 엄청난 시련과 고통을 겪었지만, 그걸 제외하고 시대적 격변의 수혜자였다. 그런 수혜에 대한 부담은 고스란히 2030세대에 떠넘겨졌음에도, 이제 기득권층이 된 이들은 문제 해결을 전혀 하지 못한 채 심지어 '20대 보수화'를 주장하는 적반하장賊反荷杖까지 저지르고 있다(물론 정·관계에 진출해 국정 운영에 참여한 386세대가 그렇다는 것이며, 이 책에서 386세대에 대한 비판은 이들에게 국한된다는 걸 분명히 해두고 싶다).

끊임없이 자신의 민주화 투쟁 경력을 내세우는 386세대가 도덕적 우월감이 워낙 강한 나머지 '내로남불'을 즐겨한다는 건 상당한 근거가 있는 것 같다.* 내로남불을 저지르는 사람들의 유형은 2가지다. 가장 흔한 유형이 뻔뻔해서 저지르는 내로남불이다. 도덕적 우월감이 없는 보수파가 자주 저지르는 것이다. 반면 진보파의 내로남불은 뻔뻔해서 저지른다기보다는 자신은 정의롭기 때문에 괜찮다는 식의 사고방식 때문에 생겨난다. 물론 결과적으로 둘 다 뻔뻔하긴 마찬가지이지만 말이다.

386세대에 막강한 파워가 없다면 내로남불은 큰 문제가 아닐 수도 있지만, 그게 그렇질 않다는 게 문제다. 『불평등의 세대』의 저자인 이철승은 청년 세대 일자리 문제와 관련해 문재인 정부가 386세대의 장기 집권을 강화할 65세 정년 연장을 위해 군불을 지피고 있는 상황을 우려한다. 그는 "다른 세대의 조직력은 386세대의 조직력의 100분의 1도 안 될 거다. 그렇다면 이 문제는 해결할 힘을 가진 386세대가 주도적으로 풀어야 한다"고 말한다.**

"다른 세대의 조직력은 386세대의 조직력의 100분의 1도 안될 거"라는 말이 가슴에 와닿는다. 자신의 안위를 돌보지 않고

• 2019년 9월 『중앙일보』 여론조사에서 '386세대의 특징을 잘 보여주는 단어를 하나만 꼽아 달라'는 질문에 응답자의 27.7%가 '민주화 투쟁/자기희생/사회정의'를 선택했고, 이어 '내로남불/위선/말과 행동이 다름'이 21.7%로 2위를 차지했다. 김태윤 외, 「386 하면 떠오르는 단어? 1위 민주화 투쟁 2위 내로남불」, 『중앙일보』, 2019년 9월 27일, 5면.

험난한 민주화 투쟁에 헌신한 그들의 조직력을 누가 감히 넘볼 수 있겠는가. 말이야 바른 말이지만, 운동권 386은 한국의 민주화에 큰 공을 세운 은인들이다. 최근 이들에 대한 비판이 많이 나오자 이들 가운데 일부가 발끈하며 반발한 것도 이해가 간다.

나라를 위해 청춘을 바쳤고, 이제 높은 자리에서 본격적으로 일 좀 해보려고 하는데 물러나라니, 이들이 억울한 심정을 갖는 건 이해 못할 바가 아니다. 다만 앞서 지적한 공안 검사들처럼 운동권 386에도 자신들이 잘 인지하지 못하는 그 어떤 독특한 성향이 있는 건 아닌지 성찰해보는 게 좋겠다는 것이다. 김정훈·심나리·김항기는 『386 세대유감: 386세대에게 헬조선의 미필적 고의를 묻다』라는 책에서 '386 DNA'에 대해 다음과 같이 말한다.

•• 이어 이철승은 다음과 같이 말한다. "386세대는 다 물러나라는 이야기를 하는 것이 아니다. 자제하자는 거다. 어차피 386세대를 몰아낼 조직력 있는 다른 세대는 없다. 권력을 가진 386세대가 자식 세대를 생각해서 스스로 풀어야 한다는 거다. 노동시장 개혁은 우파가 하면 노조가 찬성하기 어렵기 때문에 오히려 진보가 해야 한다. 386세대 안에서도 세대 균형을 생각하는 사람들이 있다. 이런 사람들이 다른 세대랑 연대해서 이 문제를 풀어야 한다. 지금 이 문제를 해결하지 않고 계속 취업률과 출산율이 낮아지면 나중엔 386세대 본인들의 자녀가 엄청나게 많은 노인 인구를 먹여 살려야 하는 고통을 짊어지게된다." 김지훈, 「"권력 장악 '막강 386세대' 양보해야 자녀 세대가 산다"」, 『한겨레』, 2019년 8월 12일, 21면.

"실패의 경험 없는 승리에 대한 확신, 조직력을 바탕으로 한 강고한 투쟁력, 타협하기 어려운 상명하복의 교조적 문화, 다른 목소리를 포용하지 않는 적대적 계파주의가 이른바 386 DNA로 자라났다. 자나 깨나 민주주의를 원했던 386세대가 진정한 민주주의자로 남을 수 없는 한계는 이런 DNA 때문이 아닐까. 당시 이들은 피와 눈물로 민주주의를 쟁취하려 노력했을 뿐, 민주주의를 즐겁게 향유하는 법을 익히지는 못했다."[9]

운동권은 거시적으론 권위주의 정권에 용감하게 저항했지만, 미시적으론 권위주의 사고방식에 찌들어 있다. 살벌한 환경에서 일사불란一絲不亂한 운동을 위해선 그런 권위주의 사고방식이 어느 정도 필요했을 것이나, 문제는 이게 DNA로 자리 잡았다는 점이다. 운동권 출신의 권위주의적 문화에 대한 탈권위주의적 진보 인사들의 증언은 많다.

조병훈은 "운동권 선배들은 기껏해야 나보다 한두 살 많은데, 행동하는 것은 자기가 왕이에요. 후배들은 아무것도 모르는 아이인 것처럼 대하고 자기는 모든 걸 다 아는 듯이 행동하죠"라고 말한다.[10] 정상근은 상명하복의 문화, 토론 없는 일방주의, 파시스트적 성격 등 진보의 '폭력적이고 차별적인 조직 문화'를 고발하면서 "지금의 진보 운동에서 권위적인 분위기는 아주 일반적이다"고 말한다.[11] 이게 바로 민주화 이후의 체제에서 의제 전환을 못하는 이유다.

앞서 지적했듯이, 운동권 386은 개혁을 민주화 운동의 연장 선상에서만 생각하고, 실제로 그런 정책을 주요 의제로 삼는다. 민생 문제에 큰 신경을 쓰는 듯 보이긴 하지만, 이마저 민주화 투쟁 모델을 따르고 있다. 민주화 투쟁엔 타도해야 할 적敵이 선명하지만, 민생은 결코 그렇지 않다. 민주화 투쟁이 단순한 1차 방정식이라면, 민생 문제는 매우 복잡한 고차 방정식이다. 그런 고차 방정식을 풀 수 있는 고급 인재들이 없는 건 아니지만, 이들은 '코드'가 맞지 않아 발탁되지 않는다.

왜 '싸가지 없는 진보'는 계속되는가?

생각해보면 참 묘한 일이다. 진보는 정권을 잃으면 제법 성찰을 하긴 하는데, 정권만 잡으면 그간 했던 성찰을 일거에 쓰레기통으로 내던지니 말이다. 나는 오래전부터 진보의 '싸가지' 문제를 지적했고, 2014년엔 『싸가지 없는 진보: 진보의 최후 집권 전략』이라는 책까지 출간했다. "진보는 싸가지 문제를 중시해야 한다"는 나의 주장에 비판도 있었지만 귀를 기울이는 사람도 제법 많았다. 그러나 정권만 잡으면 언제 그랬느냐는 듯 다시 '싸가지 없는 진보'로 돌아가니, 이게 참 알다가도 모를 일이다. 내가 괜한 이야기를 하는 게 아니며 부당하게 진보를 비판하려는 것도 아니란 걸 보여드려야겠다. 수년 전 진보 진영에서 나온 5개의 성찰을 소개한다. 무슨 해설이 필요하랴. 그냥 각자 읽어보면서 생각해보고 또 생각해보자.

(1980년대 학생들의) 운동과 그들의 계급은 서로 분리된 것이었다. 따라서 실제 노동자들의 삶의 조건 내지 사회경제적 권리를 향상시키는 데 운동의 중심이 두어졌던 것이 아니라, '반제 민족 해방' 또는 '사회주의 노동 해방'의 이념에 '복무'하려 했다. 그것은 일종의 '중산층 급진주의' 내지 '정서적 급진주의'의 성격을 갖는 것이었고, 지금도 그 유산은 '내용 없는 언어들의 공격성'이나 '진리를 독점한 듯 내세우는 도덕적 우월의식' 등의 형태로 표현되고 있다.(2012년, 고려대학교 교수 최장집)[12]

진보 정치는 국민의 기대만큼 준비되지 못했고, 과거의 낡은 사고 틀에 갇혀 국민의 요구에 응답하지 못했다.……평생을 민주화에 헌신했던 진보가 정작 스스로는 민주주의 운영 능력을 갖추지 못해, 급기야 패권적 행태를 보이며 국민 불신을 자초한 사실은 진보 정치의 자긍심에 깊은 상처를 남겼다.(2013년 6월 11일 국회 비교섭 단체 대표 연설, 진보정의당 의원 심상정)[13]

혹시 우리가 민주화에 대한 헌신과 진보적 가치들에 대한 자부심으로, 생각이 다른 사람들과 선을 그어 편을 가르거나 우월감을 갖지는 않았는지 되돌아볼 필요가 있습니다. 우리가 이른바 '싸가지 없는 진보'를 자초한 것이 아닌지 겸허한 반성이 필요한 때입니다.(2013년 12월에 출간한 대선 회고록, 민주당 의원 문재인)[14]

친소 관계가 정치의 본질인 정당. NL은 PD를 공격하고, NL과 PD가 연합해서 비운동권을 공격한다. 기어코 '나와' 다른 점을 찾아 배척하는 버릇이 몸에 뱄다. 남 탓하고 반사이익에 익숙한 정치는 이런 습성에서 비롯됐다. 당 대표보다 계파 수장이 더 잘 챙겨주니, 당 대표보다 계파 수장 의견을 더 따르는 정치문화도 필연적이다.(2014년 8월, 『경향신문』 정치부 차장 구혜영)[15]

진보의 질이 많이 추락했다는 거 인정합니다. 이명박, 박근혜 욕하는 걸로 자위하고 자기 내부에서 강인한 진보성을 발견하는 건 소홀히 하고 있거든요. 난 지금이 참 중요한 시기라고 봅니다. 흔히 '너나 잘해' 하는 말이 있는데 정말 우리부터 잘해야 되는 시기거든요.(2015년 4월, 성공회대학교 석좌교수 신영복)[16]

'도덕적 면허 효과'로 인한 부도덕

운동권 386에 더욱 치명적인 건 남들은 일신의 영달을 꾀할 때에 국가와 민족을 위해 자신의 모든 걸 바쳤다고 하는 자부심과 도덕적 우월감이다. 이건 존중하거나 예찬해야 할 것이지 비판할 게 전혀 못 된다. 그런데 우리 인간이라는 게 묘한 동물이어서 그 어떤 미덕도 상황이 바뀌면 악덕이 되고 만다. 선명한 적이 있을 때에 온몸에 각인시킨 선악善惡 이분법은 민주화 투쟁엔 더할 나위 없이 강력한 무기가 되었지만, 민주화 이후의 민주주의 체제하에선 '적'과의 타협을 죄악시함으로써 정치의 정상적인 작동을 어렵게 만드는 요인이 된다.

게다가 민주화 투쟁 시엔 '나 홀로'였지만, 세월이 흘러 결혼을 해 가정을 갖게 되면서 학부형이 되면 자신도 모르는 사이에 일상이 지배하는 삶 속으로 빠져들게 되어 있다. 정관계에 진출한 운동권 386은 대부분 막강한 학벌 자본을 자랑하는 사람들인지라 그 누구도 넘볼 수 없는 강력한 인맥의 혜택을 누리면서 강남 좌파로 변신하게 된다.* 이들의 일상은 '내로남불'에서 자유롭기 어렵다. 「머리말」에서 말한 '도덕적 면허 효과' 때문이다. 우선 이 개념에 대해 자세히 살펴보기로 하자.

최근 '기업의 사회적 책임Corporate Social Responsibility, CSR'이란 말이 유행이다. 이는 친환경 경영, 윤리 경영, 사회 공헌처럼 노동자, 소비자, 지역사회 같이 기업을 둘러싼 다양한 이해관계자들의 이익을 함께 추구하는 의사결정과 활동을 말한다. 좋은 일이긴 하지만, 학자들이 『포천』 500대 기업을 대상으로 연구한 결과는 전혀 다른 모습을 보여주었다. 놀랍게도 사회적 책임에 투자를 많이 했던 기업들이 나중에는 무책임한 행동을 한다는 것이다. 이게 바로 '도덕적 면허 효과' 때문에 벌어진 일이다. 과거 선행이나 도덕적 행동을 하면, 도덕성에 대한 자기 이미지self-image가 강해지는데, 이런 긍정적 자기 이미지는 자기 정당화의 방편으로 사용될 수 있다는 것이다. 즉, 이미 착한 일을 많이 했기 때문에, 이 정도 나쁜 일은 괜찮다고 생각하는 심리를 갖게 된다는 이야기다.[17]

moral licensing은 self-licensing, moral self-licensing, licensing effect, moral credentials 등 다양한 이름으로 불린

● 인하대학교 철학과 교수 김진석은 이 과정에 대해 이렇게 말한다. "고학력과 고학벌이 고소득으로 이어지면서 자칭 진보 상당수는 경제적 기득권 계급에 속하게 되었다. 교육을 통해 인적·사회적 자본을 축적하는 사회 과정은 지난 한 세대 동안 일반적이었는데, 특히 프랑스, 미국, 한국에서 심하다. 좌파가 우파 못지않게, 또는 더 심하게 교육을 통해 자본을 축적한 것이다. 실제로 자칭 진보 상당수가 사교육 시장에 진입했고 강남 스타일이 되었다. 결국 우파와 좌파의 구별보다 계급 구별이 더 중요해진 이유가 거기에 있다." 김진석, 「조국 넘어 문 대통령과 자칭 진보로」, 『한국일보』, 2019년 9월 24일.

다.[18] 국내에선 '도덕적 허가', '도덕적 정당화', '도덕적 면죄', '도덕적 하향 작용' 등으로 번역되기도 하는데, 특정한 일에 면허를 가진 사람들이 그렇지 않은 사람들에 대해 느끼는 우월감 같은 것을 감안해 '도덕적 면허'로 번역하는 게 가장 실감이 나는 것 같다. 우리가 즐겨 쓰는 표현인 '도덕적 우월감moral superiority'과 비슷한 개념으로 봐도 무방할 것이다.

직장 상사의 '갑질'도 '도덕적 면허'로 설명할 수 있다. 미국 미시간주립대학 교수 러셀 존슨Russell E. Johnson은 판매업과 제조업, 복지·교육 관련 기업의 관리자 172명을 관찰 추적해 상사들이 갑질하는 이유를 분석한 논문에서 갑질하는 상사들은 대부분 '윤리적'이라는 특징이 있으며, 이들은 그동안의 선한 행위를 통해 도덕성에 대한 자기 이미지가 강해져 부하 직원들에게 갑질을 해도 당연한 것으로 여긴다는 답을 내놓았다.[19]

'도덕적 면허' 현상은 정치적 태도의 영역에서도 나타난다. 2008년 미국 대선에서 흑인 후보인 버락 오바마Barack Obama에 대한 투표 선호도를 보여주었던 실험 참가자들은 이후의 결정 과제(직종에 대한 적합성과 기부금 할당)에서 흑인보다는 백인을 훨씬 편애하는 경향을 보여주었다. 오바마를 지지한 참가자들이 그 지지를 자신이 인종 편견을 갖고 있지 않음을 표명한 것으로 간주함으로써 일종의 '도덕적 신임장'을 획득한 것으로 여긴 탓이다.[20]

팬덤형 정의파들의 '내 멋대로 정의'

'도덕적 면허' 현상은 사이버공간에서 두드러지게 나타난다. 정의를 빙자한 악플이 대표적인 예다. 자신이 나름의 도덕적 면허를 얻었다고 생각하는 사람일수록 사이버공간에서 도덕적 이탈을 할 가능성이 높다.[21] 고려대학교 심리학과 교수 허태균은 "부적절한 언행을 하거나 자신과 의견이 다른 국회의원들에게 일부 사람이 후원금 18원을 보낸다는 보도를 종종 볼 수 있다"며 다음과 같이 말한다.

"아니, 그냥 욕도 아닌 그런 쌍욕이 과연 공개적인 사회적 의사표현 수단이 되어도 괜찮은 걸까? 단지 그 국회의원의 언행이 얼마나 잘못됐는지, 자신이 그 국회의원의 의견에 얼마나 반대하는지를 알려주기 위해 강력한 의사표현 수단이 필요하면 그냥 1원만 보내도 될 것이다. 그 1원의 기부만으로도 반대 의사표현의 상징을 얼마든지 만들 수 있다. 솔직히 그 국회의원을 골탕 먹이고 싶다면 후원금 영수증까지 요구하면 금상첨화일 것이다. 하지만 도대체 그런 쌍욕까지 해야 하는 이유가 무엇인지 진짜 궁금하다."

물론 허태균은 그 답을 알고 있다. 그는 '도덕적 면허' 개념으로 설명한다. 그는 "이런 심리적 기제는 자신이 옳은 일을 위해 뭔가를 하고 있다고 믿을 때, 역설적으로 옳지 않은 행동을 할

가능성이 높아질 수 있는 위험성을 보여준다".•

　이렇듯 '도덕적 자신감'이나 '도덕적 우월감'을 갖는 사람들은 부도덕해지기 쉽다. 윌리엄 맥어스킬William MacAskill이 『냉정한 이타주의자』(2015)에서 잘 지적했듯이, "도덕적 면허 효과는 사람들이 실제로 착한 일을 하는 것보다 착해 보이는 것, 착한 행동을 했다고 인식하는 것을 더 중요하게 여긴다는 점을 보여준다".²² 일종의 '인정 투쟁'이나 '구별 짓기' 투쟁을 하는 것으로 이해해도 무방하겠다.

　정의감도 크게 다르지 않다. 자신의 정의감을 내세우는 사람들은 실제로 정의로운 일을 하는 것보다 자신이 정의로워 보이는 것, 정의로운 행동을 했다고 인식하는 것을 더 중요하게 여

• 이어 허태균은 이렇게 말한다. "현재 한국 사회는 헌법 정신을 위반하고 국정을 농단한 일련의 무리를 색출하고 단죄하는 데 온통 집중하고 있다. 물론 그것은 반드시 해야 하는 일이고 이런 과정을 통해 우리 사회는 소중한 교훈을 얻을 것이다. 하지만 그 과정이 또 다른 대를 위한 소의 희생을 통해서라면, 과연 우리 사회는 더 나아지고 미래의 한국 사회에 비슷한 일이 반복되지 않을 거라고 얘기할 수 있을까. 지금의 혼란 극복 과정은 먹고사는 것이 다른 어떠한 것보다 소중했던 과거, 경제 발전을 위해 수많은 가치가 희생되고 다수를 위해 다수에 의한 폭력을 허용하던 구시대적 관습과 한계를 극복하고 새로운 국민 의식을 완성하는 계기가 되어야 할 것이다. 자신이 옳다고 강하게 믿을 때, 바로 그때가 자신이 무엇을 하고 있는지 주의 깊게 살펴볼 때다." 허태균, 「대의를 위해 18원을?」, 『중앙일보』, 2017년 1월 18일.

긴다. 자신의 생각과 다른 생각을 갖고 있는 사람에게 온갖 욕설과 저주를 퍼붓는 것도 바로 그런 이유 때문이다. 특히 지지 대상을 숭배하는 팬덤형 정의파들은 정의의 기준을 자신의 숭배 대상에 맞추느라 자주 자의적인 기준으로 정의의 경계를 설정한다.

정의로운 사람들마저 권력을 갖게 되면 타락하는 이유도 바로 여기에 있다. 유감스럽게도 인류 역사를 살펴보면 그런 사례가 무수히 많다. 도덕적 면허 등급제나 유효기간제를 실시할 수도 없는 노릇이니, 그저 성찰하고 또 성찰하는 것 이외엔 답이 없을 것 같다. 언론이 '도덕적 면허 효과'를 자주 거론하고 다루는 것이 그런 성찰에 도움이 될 것이다. 정의를 이기적이고 불의한 방법으로 팔아먹는 '정의 마케팅'은 오히려 정의를 죽일 수 있다. 정의를 위해 분노하되 정의를 좀더 조심스럽고 소중하게 다루어야 할 이유가 바로 여기에 있다.

'보수 공격'이 진보라고 우기는 직업적 선동가들

'도덕적 면허 효과'가 작동하는 데엔 이른바 '내성 착각introspection illusion'이라는 보호막이 작동한다. "나는 나 자신을 아주 잘 알아." 이렇게 말하는 사람이 많다. 이렇듯 사람들은 자신의 정신

상태에 대해 자신이 잘 아는 통찰력이 있다고 믿는 경향이 있는데, 이를 가리켜 '내성 착각'이라고 한다. 이런 내성 착각의 슬로건이 바로 "나는 나 자신을 아주 잘 알아"이다. 즉, 자기 평가를 할 때 자기 관찰에 의한 통찰의 비중을 과다하게 높이는 현상을 말한다.•

특권을 누리는 사람들이 자신의 특권에 무감각한 채 사회를 향해 엉뚱한 말을 해대는 것도 바로 내성 착각 때문이다. 심리학자 엘리엇 애런슨Elliot Aronson은 『거짓말의 진화: 자기 정당화의 심리학』(2007)에서 "물고기가 헤엄치는 물을 의식하지 못하는 것처럼 우리 모두 자신의 맹점을 의식하지 못하지만, 특히 특권의 바다에서 헤엄치는 사람들은 이러한 맹점을 계속 인지하지 못할 확률이 더 높다"며 다음과 같이 말한다.

• 이남석, 『편향: 나도 모르게 빠지는 생각의 함정』(옥당, 2013), 190쪽; 「Introspection illusion」, 『Wikipedia』. 이 용어의 작명자인 미국 프린스턴대학 심리학자 에밀리 프로닌Emily Pronin은 다음과 같이 말한다. "사람들이 자신의 심리 상태에 대해서는 근원이 무엇인지 직접적인 통찰력을 갖고 있다고 잘못 생각하는 반면, 다른 사람들의 자기 성찰 능력은 믿을 수 없다는 식으로 취급한다. 특정 상황에서 이 같은 착각은 자신의 행동이나 앞으로의 심리 상태에 대해 매우 확신하지만 실은 잘못된 설명이나 예측을 하게 만든다." 로버트 코펠Robert Koppel, 권성희 옮김, 『투자와 비이성적 마인드: 감정은 어떻게 객관적 데이터를 왜곡하는가』(비즈니스북스, 2011/2013), 253쪽.

"풍족한 특권을 누리는 사람들은 대부분 자신이 지나치게 많은 특권을 누린다고 생각하거나 행운 덕분에 특권을 누린다고 생각하는 경우도 거의 없다. 특권은 그들의 맹점이다. 눈에 보이지 않으므로 그들은 그것에 대해 깊이 생각하지 않는다. 그들은 자신의 사회적 지위를 당연히 누려야 하는 것으로 정당화한다. 이런저런 방식으로 우리는 누구나 인생이 우리에게 제공하는 특권에는 맹목적이다."[23]

특권은 꼭 물질적인 것만은 아니다. '도덕적 면허'도 넓은 의미의 특권일 수 있다. 그것도 아주 정당한 특권이다. 문제는 '도덕적 면허'에 기반한 진보의 엘리트 의식은 타협을 거의 불가능하게 만든다는 점이다. 중·하층을 배려하는 정책들은 보수파와의 타협을 통해서만 가능한 일인데도, 낮은 자세로 임해야 할 그런 수고와 고생을 건너뛰고 상대편이 아닌 대중을 향해 "저들은 나쁜 사람들이래요"라고 폭로하는 데에만 열을 올리는 것 같다. 그러니 도덕적 우월감을 앞세운 정치 담론은 사실상 진보를 죽이는 결과를 초래하기 십상이다.

앞서 지적했듯이, 진보에 필요한 건 현실주의적 진보, 또는 진보적 현실주의다. 도덕적 우월감에 사로잡힌 진보주의자들은 '타협'을 보수화 또는 우경화로 보거나 추악하게 생각하는 고질병을 앓기 십상이다. 이에 강한 문제의식을 느꼈던 솔 알린스키는 "타협은 허약함, 우유부단함, 고매한 목적에 대한 배신, 도덕적 원칙의 포기와 같은 어두움을 가지고 있는 단어"이지만, "조직가에게 타협은 핵심적이고 아름다운 단어"라고 주장했다.[24]

평등을 추구하면서 중·하층의 삶을 가장 염려하는 진보주의자에게도 타협은 아름다운 단어이며 단어여야만 한다. 보수파가 나쁘고 사악하다는 걸 고발하는 일로 타협을 대체해선 안 된다. 더욱 나쁜 건 보수파에 대한 공격만이 진보의 본령인 것처럼 진보적 지지자들을 호도하고 선동하는 일이다. 이런 일을 전문으로 하는 직업적 선동가들polarization entrepreneurs도 적지 않다.

정의와 공정을 실현하겠다는 것인지 정의로워 보이고 공정하게 보이는 게 더 중요하다는 것인지 도무지 알 길이 없다. 진보가 세상을 바꾸겠다는 것이라면 아쉬운 쪽은 진보지 보수가아니다. 그럼에도 진보와 보수를 동일선상에 놓고 진보에만 많은 걸 요구하는 건 부당하거나 필패로 가는 길이라는 주장을 하는 이도 많으니 참으로 답답한 노릇이다.

진보와 보수는 도덕의 체계와 기준이 다르다

보수는 진보를 제대로 이해하지 못하고 진보 역시 보수를 제대로 이해하지 못한다. 양쪽이 싸울 때 온갖 독설과 욕설이 난무하는 이유도 상당 부분은 그런 문제에서 비롯된다. 각자 생각하는 도덕의 체계와 기준이 다르다는 걸 이해하지 못한 탓이기도 하다.

열렬한 민주당 지지자인 미국의 인지언어학자 조지 레이코프George P. Lakoff는 『도덕의 정치Moral Politics』(2002)에서 "다른 많은 진보주의자들처럼 나도 한때는 보수주의자들을 천박하고, 감정이 메마르거나 이기적이며, 부유한 사람들의 도구이거나, 혹은 철저한 파시스트들일 뿐이라고 얕잡아 생각했었다"고 자신의 어리석음을 토로하면서 이런 결론을 내린다. "내 눈에 보수주의자(공화당)와 진보주의자(민주당)가 서로 판이한 도덕 시스템을 가졌고, 양 진영의 정치적 담론은 상당 부분 그들의 도덕 시스템에서 비롯된 것이라는 점이 뚜렷하게 보였다."[25]

보수를 과도하게 비난하는 경향이 농후한 한국의 진보에도 그런 깨달음이 필요하다. 미국 심리학자 조너선 하이트Jonathan Haidt의 '도덕 기반 이론Moral Foundations Theory'은 그대로 다 믿을 건 아니지만, 한국의 보수와 진보가 소통이 전혀 불가능한 이전투구泥田鬪狗를 벌이는 걸 이해하는 데엔 적잖은 도움이 된다.

하이트는 도덕성에 대한 이해를 스스로 깨치기 위해서는 선천적으로 도덕성을 인식할 수 있도록 구조가 있어야 한다고 보고, 이를 '도덕 기반moral foundation'이라고 불렀다. 그는 도덕 기반은 인간의 진화 과정에서 개인의 생존과 집단생활을 영위하기 위해 경험 이전에 구조화되어 있다고 주장함으로써 이성적 과

정을 통해 도덕적 지식의 형성과 도덕적 판단이 가능하다는 이전의 관점을 뒤엎었다.[26]

하이트는 사람들의 도덕적 판단이 이성적으로 이루어지기보다는 직관적으로 이루어지며, 직관적 판단이 이루어진 이후 판단에 대한 이성적 합리화 과정이 진행된다고 주장했다. 도덕적 이유는 직관이라는 개가 흔드는 꼬리에 불과하기 때문에 우리가 도덕적·정치적 논쟁을 할 때 왜 분통 터지도록 답답해하는지가 설명된다는 것이다.[27] 그는 도덕적 판단은 이성과는 아무 관련이 없으며 오히려 미학적 판단과 비슷하다며 다음과 같이 말한다.

"우리는 그림을 보는 순간 그 그림이 우리 마음에 드는지 아닌지 그 자리에서 자연스럽게 안다. 누군가가 왜 그런 판단을 내렸느냐고 물으면 우리는 이런저런 의견을 제시할 것이다. 도덕적 논쟁도 이와 매우 흡사하다. 두 사람이 어떤 문제를 놓고 강력한 감정을 표출한다. 감정이 먼저이고, 이유는 서로 대화를 나누기 위해 도중에 만들어진다."[28]

'공정'에 대한 진보와 보수의 차이

한국에서도 이념 성향과 도덕성 기반의 관계를 확인하기 위한 연구들이 시도되었는데, 도덕 기반 이론이 한국인에게도 적용될 수 있음을 확인했다.[29] 이 이론은 제법 복잡하지만, 우리가 주목할 점은 간단하다. 사람들이 어떤 정치적 태도를 취하는 이유를 이성과 논리에서 찾기보다, 말로 설명하기 어려운 뿌리 깊은 정서적 차원에서 찾는 것이 더 나을 수도 있다는 것이다.*

한국에서도 저소득층 유권자들이 보수 정당이나 후보를 지지하는 건 경제적 이해관계보다 사회적·문화적 가치를 중시하기 때문인 것으로 밝혀졌다.[30] 2012년 대선에서 저소득층과 비정규직이 진보 후보인 문재인보다는 보수 후보인 박근혜에게 훨씬 더 많은 표를 준 것도 그런 관점에서 이해할 수 있다(박근혜가 얻은 저소득층 표는 52.7%, 비정규직 표는 54.0%인 반면, 문재인이 얻은 표는 각각 36.0%, 40.4%에 지나지 않았다).[31]

● 조효제는 "하이트의 이론에 결함이 없지 않지만 거기에 담긴 새로운 통찰은 인권운동이 고려하고 활용할 가치가 있다"며 다음과 같이 말한다. "우선 도덕 기반 이론은 도덕관념이 형성되는 데서 감정과 직관의 힘이 얼마나 강력한지를 잘 보여준다. 사람들이 새로운 인권 쟁점에 반대하거나 소극적인 태도를 취하는 이유를 이성과 논리에서 찾기보다, 말로 설명하기 어려운 뿌리 깊은 정서적 저항감의 차원에서 찾는 것이 더 빠를 수도 있음을, 하이트의 이론은 우리에게 가르쳐준다. 또한 인권의 증진·정체·후퇴를 좌우하는 정치를 결정하는 선거에서 인권 옹호자들이 어떤 전략을 취해야 하는지를 알려준다." 조효제, 『인권의 지평: 새로운 인권 이론을 위한 밑그림』(후마니타스, 2016), 168쪽.

진보는 자신들이 '수구꼴통'이라고 욕하는 사람들에게도 그들 나름의 도덕적 세계가 있다는 걸 좀처럼 인정하지 않으려고 한다. 즉, '다름'을 '틀림'으로 파악하는 데에 너무 익숙한 것이다. 우리는 다른 나라 사람들에겐 그런 다른 세계가 공존할 수 있다는 걸 인정하면서도 우리 내부에서는 인정하지 않는데, 이건 한국 사회의 강한 사회문화적 동질성 때문이다.

한국은 오랜 세월 누려온 사회문화적 동질성으로 인해 '에스노센트리즘ethnocentrism'이 강한 나라다. 자민족 중심주의, 자문화 중심주의, 자기 집단 중심주의 등으로 번역할 수 있는 이 말은 자신의 문화를 다른 문화에 비해 우월하다고 여기는 걸 뜻하기도 하지만, 다른 것에 대한 편견은 강한 반면 인내심이 약한 성향을 가리킬 때 쓰이기도 한다. 예컨대, 에스노센트리즘이 강한 사람일수록 강한 동성애 혐오증homophobia을 갖고 있다.[32]

한국인들이 일반적으로 동성애자, 미혼모, 외국인 노동자, 혼혈인 등에 대해 어떤 생각을 갖고 있는지 살펴보면, 쉽게 이해가 될 것이다. '다름'을 '틀림'이라고 말하는 언어 습관도 그런 성향과 무관치 않은데, 이게 도덕의 다차원성을 이해하는 데에도 장애가 되는 것이다. 이런 현실을 감안하자면, 도덕 기반 이론은 만만찮은 반론에도 한국 사회의 소통을 위해 크게 기여할 수 있다고 보아야 하지 않을까?

하이트의 주장 가운데 우리가 눈여겨볼 것은 비례의 원칙이다. 비례의 원칙은 각자 자신이 한 만큼 받고 하지 않았으면 그만큼 받지 말아야 한다는 논리로, 어떤 사람이 자기 응분의 몫보다 많은 것을 챙기면 누구든 화가 나게 되어 있다는 것이다. 하이트에 따르면, 이 원칙은 보수와 진보 모두 중시하긴 하지만, 보수가 더 중시하며, 진보주의자들은 공정(비례의 원칙)이 동정심이나 압제에 대한 저항과 상충할 때에는 공정은 버리고 그 대신 동정심이나 압제에 대한 저항을 취하는 경우가 많다.[33]

하이트는 세월호 참사를 둘러싼 보수-진보의 갈등도 이 비례의 원칙으로 설명했다. 그는 "진보 성향의 사람들은 보다 감정적으로 더 열정을 가지고 피해자를 도와야 한다고 생각하는 데 비해 비교적 보수에 있는 사람들은 '공정성'에 무게를 두는 경우가 많다"고 분석했다. 그러면서 "국가적인 비극을 겪었기 때문에 많은 사람이 슬픔의 공감대에 있는 것은 당연하다"며 "다만 사고로 죽지 않은 사람들에게까지 특혜를 주는 것에 대해서는 도덕심리학적으로 볼 때 공통적으로 동의를 할 수 있을지 확실치 않다"고 말했다.[34]

'미시적 공정'과 '거시적 공정'은 상충하는가?

조국 사태에서도 그간 공정을 중시했던 진보가 '공정'의 문제를 외면하고 더 큰 맥락의 문제를 제기하고 나선 건 그런 관점에서 이해할 수 있다. 공정엔 '미시적 공정'과 '거시적 공정'이 있는데, 진보는 '거시적 공정'에 눈을 돌려야 한다고 주장한다. 반면 '개인주의적 합리주의'로 무장한 1990년대생 청년들의 생각은 다르다.●

이들은 기존 보수─진보 이분법으론 설명할 수 없는 신인류다. 진보는 이들과 더불어 보수가 '미시적 공정성'을 중하게 여기는 걸 이해하지 못하거나 비교적 무시해도 좋은 것으로 보는 경향이 있다. 조국 사태를 둘러싼 갈등의 원인엔 이런 본원적 차이도 일조했다. 『한겨레』와 『경향신문』에 실린 다음 4개의 진보적 주장을 감상해보자.

고려대·서울대 학생들의 촛불 집회보다 내 눈길을 끈 건 청년

● 이런 세대 차이에 대해 서울대학교 심리학과 교수 곽금주는 다음과 같이 말한다. "586세대가 '공리성'을 최우선의 가치로 여기는 반면 2030세대는 '개인적 가치'를 더 우선시한다. 여기서 두 세대 간의 결이 어긋난다. 586세대는 공리성을 우선시하다 보니 담론이 추상적이고 거대하다. 그런 만큼 보다 교조주의적이고 상의하달식 진영 논리 문화에 함몰돼 자칫 공리의 실사구시라는 면에서 취약성을 보일 수 있다." 곽금주, 「2030, 그 이유 있는 반항」, 『중앙일보』, 2019년 9월 2일, 29면. '조국 사태'에 대해 30대 후반의 청년들은 20대와는 좀 다른 양상을 보이는 바, 나는 '2030세대'보다는 '1990년대생'으로 부르고자 한다.

노동자 공동체 '청년전태일'의 문제 제기다. 이들은 조 후보자 딸의 입시 의혹보다도 근본적으로 계급 고착화 문제를 지적한다. 부모의 사회·경제적 지위가 자녀의 학력을 통해 세습되는 구조를 바꾸지 않으면 흙수저들에게도 공정한 사회는 오지 않는다는 것이다.[35]

한편에서는 이 명문대생들에 대한 비판도 제기된다. 그들이 든 촛불은 박탈감에 기반한 촛불이 아니라 자기 스펙의 진실성을 선언하는, "자신들의 성채를 공고히 하려는 촛불"이라는 고발들이다.……입시 자체가 불평등의 재생산 장치가 된 사회에서 촛불을 든 명문대생들이 토로하는 '박탈감'을 20대 전체의 박탈감과 같은 자리에 놓을 수 있을까? 무엇보다 '조국 논란'에 낄 관심도 여력도 없는, 수많은 울타리 밖 20대 청년층이 던지는 질문에 대해 고민해야 할 때다. 촛불조차 들지 못한 청년들의 낮은 웅얼거림에, 가냘픈 신음에 귀를 기울여야 한다.[36]

학생들은 '능력에 따라 정당한 대가를 얻어야만 공정하다'고 생각한다. 김선기 신촌문화정치연구그룹 연구원은 "(학생들에게) 공정이 절차적 공정만으로 받아들여지는 측면이 있다"며 "누구에게나 열린 것처럼 보이지만 사실은 제한적인 그 문(입시)을 통과해야 공정하다고 받아들여지는 상황"이라고 했다.

사회학자 오찬호 씨는 이 같은 '공정'이 일부 집단의 특권을 강화하는 논리로 작용한다고 지적했다. '공정'이란 약자에 대한 연대, 최소한의 안정적인 삶과 기회의 보장 등 여러 측면에서 다뤄야 할 개념인데 좁게만 이해하려 든다는 취지의 지적이다.……오씨는 "선별적 이슈에 한해 자신이 가진 특권에 흠집이 날 때 분노하는 모습은 공정에 대한 철학을 바탕으로 움직인다고 보기 어렵다"며 "권력을 향한 정의로운 행동처럼 말하지만 '공정'이란 단어를 선점한 것에 불과하다"고 했다.[37]

대학 입시 과정의 '불공정'에 분노하며 조국 장관에 반대하는 촛불을 든 대학생들이 비정규직이 겪는 '불평등'에 분노하며 청소 노동자 사망을 추모하는 촛불은 들지 않는다고 쓴소리하는 글을 썼다. 그랬더니 어떤 이가 "하 선생님 같은 분은 그렇게 비난하며 갈라치기할 것이 아니라 그 청년들이 불평등에도 분노할 수 있도록 품어 안으셔야 한다"고 지적해서, 이에 동의하고 생각을 바꿨다. 그것이 요즘 쓴소리를 아끼는 이유다. "조국 수호"와 "검찰 개혁"을 외치는 시민들이 "민주노총 수호"와 "비정규직 철폐"를 외치고 '불공정'에 분노하는 청년들이 '불평등'에도 분노할 수 있어야 사회가 바뀐다.●

이 4개 진술의 선의엔 전적으로 동의하면서도, '미시적 공정'

과 '거시적 공정'을 상충하는 관계로 볼 필요는 없다는 점에서 나는 생각을 좀 달리 한다. 고학력·고소득 여성들이 남녀 불평등에 분노해 페미니즘 운동을 벌일 때에 그들을 향해 "계급 불평등도 문제 삼아야 당신들의 운동이 정당성을 갖는다"고 말해도 되는 걸까? 그런데 놀랍게도 실제로 이런 주장을 하는 사람이 많다. 재벌 그룹 내에도 서열에 따른 불평등과 공정성 문제는 존재하는 법인데, 그들 내부에서 벌어지는 그런 공정성 갈등에 대해 굳이 "배부른 자들의 한가한 싸움"이라고 꼬집을 필요

● 하종강, 「검찰 개혁」과 '비정규직 철폐'가 만나려면」, 『한겨레』, 2019년 10월 9일, 26면. 다음과 같은 유형의 '공정' 문제 제기도 적잖이 나왔는데, 이는 예외로 봐야 할 것 같다. "'조국 논란'에 분노하여 촛불 집회를 진행하는 고려대 집회 집행부에 분교인 '세종캠' 학생이 1명 참여했다는 사실이 알려져 논쟁으로 번졌다. 격론 끝에 '민주적인' 투표로 해당 학생은 오픈 채팅방에서 퇴출당했다. 화르르 타오르던 불공정한 계급 세습을 향한 분노가 '학벌 계급' 앞에서 허무하게 꺼져버린 것이다. 이들에게 공정이란 과연 무엇일까?" 오수경, 「'조국 이후'가 보이지 않는다」, 『경향신문』, 2019년 10월 5일, 22면. 이 사례는 '절차적 공정'과는 전혀 무관한 것이다. 이건 그냥 비판, 아니 욕을 해주는 게 답이다. 나는 그간 대학 서열에 미쳐 돌아가는 대학생들을 가리켜 '눈곱만 한 특권에 중독된 매우 찌질한 젊은이' 등과 같은 표현을 동원하며 맹공을 퍼부은 바 있으며, 앞으로도 계속 호되게 비판할 것이다. 강준만, 「왜 명문대는 물론 명문고 학생들까지 '과잠'을 맞춰 입는가?: 사회정체성 이론」, 『생각과 착각: 세상을 꿰뚫는 50가지 이론 5』(인물과사상사, 2016), 75~82쪽; 강준만, 「왜 특권계층은 자신이 누리는 특권을 당연하다고 생각하나?: 내성 착각」, 『감정 동물: 세상을 꿰뚫는 이론 6』(인물과사상사, 2017), 63~70쪽 참고.

가 있을까?

20대에게 구조에 대한 연대 책임을 묻지 마라

누군가가 공정하지 못한 사회구조에서 '절차적 공정'에 집착할 때에 그것에 시비를 걸 필요는 없다. 어떤 사회구조에서건 절차적 공정은 중요하며, 절차적 공정에 집착하는 것이 사회구조의 개혁에 반대하는 걸 의미하는 건 아니기 때문이다. 또한 그 문제의 구조는 '절차적 공정'에 집착하는 사람들이 만든 게 아니며, 진보정치세력을 포함한 기성세대가 만든 것이라는 점을 분명히 해둘 필요가 있겠다.

이게 바로 20대가 갖고 있는 '공정' 개념의 핵심이기도 하다. "잘못된 구조를 만든 사람이 자신의 잘못을 책임져야 한다. 그와 별개로 나는 내가 행복해지기 위해 들인 노력 앞에 떳떳하다"는 게 20대들의 사고방식이다.[38] 이들은 자신이 저지르지도 않은 잘못에 대한 연대 책임에 단호히 반대한다. 이걸 '보수화'로 오해하면 곤란하다. 그런데 기성세대, 특히 일부 진보적 정치인은 관성적으로 그렇게 생각하는 경향을 보인다.

2019년 2월 15일 더불어민주당 수석대변인 홍익표는 국회 토론회에서 "왜 20대가 가장 보수적이냐. 거의 60~70년대 박정희 시대를 방불케 하는 반공 교육으로 그 아이들에게 적대감을 심어준 것"이라고 말했다. 북한에 대한 20대 여론이 우호적이지 않은 것을 이명박·박근혜 정권의 교육 탓으로 돌린 것이다. 며칠 후인 2월 21일 더불어민주당 최고위원 설훈은 『폴리뉴스』인터뷰에서 문재인 대통령 지지율이 20대 남성들에게 낮은 이유를 답하는 과정에서 "이분들이 이명박·박근혜 정부 시절 학교 교육을 받았는데, 그때 제대로 된 교육이 됐을까"라고 말했다.[39]

군이 반박할 필요조차 없는 실언이지만, 이런 생각이 20대를 마땅치 않게 보는 진보파들 사이에 널리 퍼져 있다는 점이 중요하다. 20대는 박근혜 탄핵 촛불 집회의 주역이었다는 점을 까먹은 걸까? 그땐 진보였는데, 이젠 보수로 바뀌었다는 걸까? 문제는 그들의 낡은 이분법 틀에 있다. 박원익과 조윤호는 『공정하지 않다: 90년대생들이 정말 원하는 것』(2019)에서 다음과 같이 말한다.

"기성세대는 일단 '너는 누구 편이냐?' 하고 묻는 데 익숙한 세대들이다. 오늘날 50대가 된 과거 민주화 세대의 경우 젊은 시절에 오래된 보수 기득권 체제를 없애는 일이 공통의 사명이자 목적이었다. 그래서 때로 '우리 편'이 잘못했을지라도 어느 편이 권력을 잡는지가 매우 중요한 세대였다. 49 대 51의 싸움에 익숙해진 세대들이다. 그러나 과거 세대의 노력으로 만들어진 '민주주의 대한민국'에서 자란 20대는 정치적 입장을 먼저

정하고 내 편 네 편으로 싸우기보다 개별 사안을 더 정확하고 공정하게 파악하려는 자세를 더 '좋은 태도'로 인정한다."•

선악 이분법에 대한 반감은 20대들만 갖고 있는 건 아니다. 나는 60대지만, 선악 이분법이 정말 싫다. 학식과 지성을 높이 평가했던 사람이라도 그런 선악 이분법을 보이는 순간 한심하게 보인다. '학식과 지성이 무슨 소용인가'라는 생각을 하면서 말이다. 왜 그럴까 하고 애써 이해를 해보니, 그 주범은 바로 도덕적 우월감이라는 게 내가 내린 결론이었다. 나는 도덕적 우월감을 느낄 만한 인생을 조금도 살아오지 않았기 때문에 그런 이분법에서 자유로울 수 있었을 뿐이니, 내가 감히 큰소리칠 일은 아니다. 제발 좀 도덕적 우월감 관리를 잘해 주십사 하고 읍소하고 싶은 심정이다.

• 박원익·조윤호, 『공정하지 않다: 90년대생들이 정말 원하는 것』(지와인, 2019), 138쪽. 이어 박원익과 조윤호는 이렇게 말한다. "기존의 정치 프레임으로 해석되지 않는다는 이유로 20대를 '탈脫이념'을 지향한다고 해석하기도 한다. 그러나 이런 관점도 요점을 놓치고 있는 것은 마찬가지다. 청년들이 탈이념화한 게 아니라 이들이 따르는 '새로운 이념'에 대해 사회적으로 설명할 말을 찾지 못하고 있는 것이다. 기성세대가 제공해왔던 이념적 프레임의 유효기간은 끝났다. 20대를 민주화 세대와 태극기 부대 사이의 어느 좌표에 놓을 이유가 없다. 이를테면 진보라면 세트메뉴 A를 고르고, 보수라면 세트메뉴 B를 골라야 한다는 식의 목록들을 교체해야 할 시점이 다가온 것이다."(262쪽)

'대의론'과 '조직 보위론'은 아직도 건재하다

나는 '조국 사태'의 와중에서 여권의 일부 과격 발언들을 들으면서 운동권 386의 고질적인 아비투스라 할 '대의론'과 '조직 보위론'을 떠올렸다. "아, 저 역사적 퇴물이 아직까지도 살아 있구나!" 하는 놀라움과 함께 말이다. 아는 분은 잘 알겠지만, 과거 운동권에 성행했던 성폭력 문제가 바로 이 '대의론'과 '조직 보위론'에 의해 묵살되었으니, 어찌 새삼 놀라지 않을 수 있으랴.

대의론은 대의를 위해 참으라는 것이다. 두 증언을 들어보자. "'무슨 여성운동이 있어. 그냥 민중 해방 되면 그게 여성해방이지', 거의 그런 분위기. 그런 부분들을 문제 제기하거나 얘기하는 자체가 되게 반동적으로 보이는 거예요." "예전에 있었던 성폭력 사건 해결이 어려웠던 것도 '노동운동에서 내걸고 있는 이슈가 제일 중요한데 니네가 거기서 성폭력 사건 얘기하면 이 이슈가 희석화되지 않느냐'고."[40]

조직 보위론은 "'진보의 대의'를 위해 활동하는 운동 조직을 '적'의 공격으로부터 '보위'하기 위해 성폭력 사건이 조직 밖으로 알려져선 안 된다"는 논리다. "이 논리는 성폭력 사건에 대해 함구령을 내리고, '조직 내에서 해결하는 것을 원칙'으로 제시함으로써 피해자가 외부의 도움을 받을 수 없도록 고립시킨다."[41]

이 대의론과 조직 보위론은 이후 내내 진보 진영 내부에서 일어난 성폭력을 은폐하고 왜곡하는 전가의 보도로 활용되는 끈질긴 생명력을 자랑했는데, 이게 끝난 역사가 아니다. 어떤 사건이나 비리를 그 자체로 보지 않고 늘 더 큰 맥락, 즉 대의와 조직의 안녕과 번영이라고 하는 맥락에서 사고하는 아비투스는 조국 사태의 와중에서도 유감없이 드러났다. 조국 지지자들은 검찰이 '선택적 정의'를 구사한다고 비판을 퍼부었지만, 『중앙일보』 정치팀 차장 최민우는 진보의 '선택적 정의'는 어떠냐고 되묻는다.

> 조국을 향한 비판이나 수사를 '선택적 정의'라며 분노하는 건, 따지고 보면 80년대 운동권 논리와 일맥상통한다. "군부독재라는 거악에 맞서려면 자잘한 내부 부조리는 눈감아야 한다"라는 주장 말이다. 이분법적인 선악에 기초한 집단주의는 실로 막강했다. 그게 쌓여 심각한 성차별과 인격 침해를 야기해도 '더 큰 정의'라는 폭력적 명분 앞에 그저 숨을 죽여야 했다. 다음 사안은 어떨까. 조국 자택 압수수색에 관여했던 여 검사의 사진·신상이 털렸다. 일부 네티즌은 "반정부하게 생겼다", "옥상에게 떨어진 개떡" 등 외모 비하를 서슴지 않았다. 명백한 '여성 혐오'였다. 하지만 나경원의 '달창' 발언에 곧장 사퇴하라며 '여혐' 이슈에 민감하게 반응했던 전국여성연대 등 여성 단체는 침묵했다. 사이버 테러를 저지른 이들이 '내 편'이라

서다. 이게 바로 선택적 정의 아닐까.[42]

이 주장에 동의할 필요는 없다. 내가 묻고 싶은 것은 왜 남의 '선택적 정의'는 잘 지적하면서 자신의 '선택적 정의'에 대해선 그리도 무관심하냐는 것이다. 누군가가 어떤 잘못을 저질렀으면 앞서 말한 '무지의 장막veil of ignorance' 원리에 따라 응당한 조치를 취하면 된다. 그 사람의 이념적·정치적 성향에 대해 알 필요가 없다는 것이다. 아무리 한국인이 '정情 많은 민족'이라지만, 이게 그렇게 어려운 일일까?

"우리 모두 위선을 좀 걷어내자"

인사 역시 다를 게 없다. 편을 가르지 않고 공직 후보자의 어떤 비리 의혹에 대해 반대편에 했던 것처럼 똑같이 대하면 된다. 그렇게 하는 것이 설사 단기적으론 반대 진영에 도움이 된다고 하더라도 멀리 내다보면 자기 진영의 대對국민 경쟁력을 높이는 것이다. 그럼에도 대의론과 조직 보위론의 주창자들은 '지금 당장, 눈앞의' 조직 보위에만 집착하면서 오히려 그게 멀리 내다보는 것이라고 자신을 속이는 경향이 있다. 그리고 이런 집착을 정당화하는 것이 바로 도덕적 우월감이라는 마약이다. 좌우 진영을 떠나 대의론과 조직 보위론을 수용할 수 없는 사람들로선 진보의 그런 행태가 위선의 극치로 보일 수밖에 없다.

사실 대의론과 조직 보위론은 위선의 덩어리다. 더 큰 것을 위해 작은 것은 소홀히 해도 괜찮다는 심리는 부도덕의 온상이 된다. 그런 심리를 정당화하기 위해 당위를 필요 이상으로 내세우다 보니 자신조차 그걸 따를 수 없어 겉 다르고 속 다른 이중성이 체화된다. "우리 모두 위선을 좀 걷어내자"고 말하면 될 텐데, 그렇게 용감한 사람이 드물다. 그 대신 '척하는 걸'로 때운다. 개인적 욕망은 하늘을 찌를 기세인데, 그마저 없는 척하려니 자꾸 거짓말마저 하게 된다. 권력을 탐하면서도 악착같이 그걸 대의를 위한 '봉사'나 '희생'이라고 강변한다. 물론 민주화 이후에 그렇게 변질되었다는 이야기다.

경북대학교 법학전문대학원(로스쿨) 교수 김두식이 『욕망해도 괜찮아』(2012)라는 책에서 그걸 실감나게 잘 지적했다. 그는 "돈, 섹스, 권력, 어느 것이든 욕망을 드러내는 사람은 진보 진영에서 존경받기 어렵습니다. '권력'은 얻고 싶어도 '권력 의지'는 숨겨야 합니다"라면서 다음과 같이 말한다.

"욕망을 감추고 살다 보니, 남의 숨겨진 욕망이 자꾸 눈에 밟혀서 상대방의 욕망을 들춰내고 난도질하는 데 귀신같은 능력을 보여줍니다. 명예는 목숨처럼 소중히 여기면서도 남의 명예를 무너뜨릴 때는 억지 추론과 논리 비약을 거듭합니다. 이러니 진보 대 진보의 논쟁이 진보 대 보수의 논쟁보다 훨씬 더 살벌할 수밖에 없습니다. 그리고 다들 이렇게 생각하며 삽니다. '나는 뜨고자 하지 않았으나 떴다. 그러나 나를 제외하고 세상에 뜬 모든 사람들은 욕망의 시스템과 타협한 자들이다.'"[43]

누구나 우리 인간은 욕망의 포로이기 마련인데, 그게 없는 척하면서 살다 보면 늘 양산되는 게 위선과 부도덕일 수밖에 없다. 개인 영역에서만 그러면 모르겠는데, 정관계의 유력 엘리트가 되어서도 그런 이중성을 버리지 못한다는 게 문제다. 이런 아비투스는 무엇보다도 생각을 달리 하는 사람과의 소통을 거의 불가능하게 만든다.

'도덕적 우월감'이 진보를 죽이는 이유가 바로 여기에 있다. 소통을 통해 지지 기반을 넓혀나가기보다는 '적 만들기'를 통해 자신과 비슷한 아비투스를 가진 사람들을 선동함으로써 자신의 확실한 지지 기반을 굳히려는 정치, 앞으로 남고 뒤로 밑지는 장사가 아닐 수 없다. 반대편이 박근혜의 국정 농단처럼 상상을 초월하는 '개판'을 쳐주길 기대하는 건가? 그런 기회는 다시 오기도 어렵지만, 그렇게 요행을 바라는 정치로는 성공하기 어렵고 기존의 불평등만 악화시킬 뿐이다.

'20% 대 80% 사회' 프레임을 위하여

번지수를 잘못 찾은 한국 정치

한 경관이 밤에 순찰하다가 가로등 아래에서 뭔가를 찾는 사람을 보았다. 경관은 그에게 다가가 무슨 일이냐고 물었다. 그 사람은 술기운이 느껴지는 목소리로 답했다. "열쇠 찾는 중입니다. 도와주세요." 경관은 취객과 함께 열쇠를 찾기 시작했다. 꽤 오랜 시간을 살폈지만 도무지 찾을 수 없었다. 경관이 물었다. "여기서 열쇠를 잃어버린 게 분명해요?" 취객이 답했다. "아니요. 여기가 아니라 저기에서 잃어버렸어요. 그런데 저기는 가로등이 없어서 너무 어두워요. 안 보이면 못 찾잖아요."●

오스트리아 출신의 커뮤니케이션 이론가인 파울 바츨라비크Paul Watzlawick, 1921~2007가 남긴 우화로 학자들이 즐겨 인용하는 것이다. 영국 정치학자 마거릿 스카멜Margaret Scammell은 「정치 마케팅: 정치학을 위한 교훈Political Marketing: Lessons for Political Science」이라는 논문에서 영국 정치학이 이미지를 중심으로 한 정치 마케팅의 영향력과 중요성을 간과한 채 전통적인 정치학적 접근에만 매몰되어 있는 현실을 꼬집으면서 이 우화를 소개했다.[1]

나름 열심히 애를 쓰긴 하지만 성공의 가능성이 전혀 없을 때 우리는 "번지수를 잘못 찾았다"고 하는데, 이게 바로 이 가로등 우화를 잘 압축해준 표현이라고 할 수 있겠다. 혹 한국 정치도 그런 함정에 빠져 있는 건 아닐까? 정작 답은 '20% 대 80% 사회'에 있는데, 우리는 단지 편리하고 부담이 없다는 이유로 '1% 대 99% 사회' 프레임에 빠져 그곳엔 존재하지도 않는 답을 찾느라 시간과 에너지를 낭비하면서 오히려 불평등을 키우고 있는 건 아닐까?

● 전상진, 『세대 게임: '세대 프레임'을 넘어서』(문학과지성사, 2018), 22~23쪽. 이 우화를 소개한 서강대학교 사회학과 교수 전상진은 "현재 유행하는 세대 프레임, 그러니까 '사회 현안을 세대의 문제로 해석하는 프레임'이 바로 이 가로등 역할을 한다"며 "혹시 우리도 세대 프레임의 강렬한 불빛에 현혹되어 엉뚱한 곳만 주시하는 것이 아닐까"라고 묻는다.

그런 문제의식에서 출발한 이 책은 "왜 '1% 대 99% 사회' 프레임은 위험한가?", "왜 정치는 중·하층의 민생을 외면하는가?", "왜 '도덕적 우월감'이 진보를 죽이는가?"라는 3가지 질문을 던지면서 각각 '진영 논리'와 '진보 코스프레'의 오류, 개혁과 진보의 '의제 설정' 오류, '민생 개혁'과 '민주화 운동' 동일시 오류라는 답을 제시했다. 그 과정에서 주로 비난의 용도로만 쓰이는 '강남 좌파'라는 개념이 한국 정치의 전반적인 현실이 되었으며, 그로 인한 문제는 기존 좌우 이분법으로는 해결할 수 없다는 걸 말하고자 했다.

첫 번째와 두 번째 질문과 관련, 나는 국회의원의 계급 구성이 다양하지 못하며 강남 좌파가 너무 많은 현실을 바꾸기 위해 의도적인 노력을 기울일 필요가 있다고 생각한다. 사실 우리가 수많은 반대에도 원래 무보수 명예직으로 출발했던 지방의원들에게 적잖은 봉급을 주게 된 것도 바로 그런 이유 때문이 아니었던가? 물론 이는 거의 실패로 돌아간 게 분명하지만, 그렇다고 계급 구성의 다양화 노력을 포기할 수는 없는 일이다.

"갈등이 깊어질수록 추상의 수준을 높일 수밖에 없다"

청년 일자리가 가장 심각한 문제로 대두된 상황에선 정치 엘리트의 계급 구성은 상당 부분 연령대 구성의 문제이기도 하다. 산업화 세대(1930~1940년대생)가 50대였던 1996년 총선에서 50~60대 당선자 비율은 73%였는데, 386세대가 50대 후보자로 출마한 2016년 총선에선 50~60대 비율이 83%로 올라갔다.[2] 국민 72%가 2020년 4월 국회의원 총선에서 '포스트 386세대'를 대거 공천해야 한다는 생각을 갖고 있는 것도 그런 고령화의 문제를 잘 알고 있기 때문일 게다.[3]

정당 공천은 세대와 더불어 계급에도 신경을 써야 한다. 각 분야의 전문가를 모시는 비례대표 의원 공천제가 성공적이었다고 평가할 수 없다면, 여기서라도 상위 20% 밖의 사람들을 공천하는 걸 적극 추진할 필요가 있다. 한국방송통신대학 행정학과 교수 윤태범이 지적했듯이, "대통령은 정무직을 임명할 때 계급, 성별 등을 고르게 안배해 국가의 여러 계층을 반영하는 '대표 관료제'의 이념을 추구해야 한다".[4] 또 정치인과 고급 관료들이 하위 80%, 특히 하위 20%와 소통하는 기회와 장場을 마련해야 한다. 선거를 앞두고 벌어지는 일과성의 '쇼'를 넘어서 그런 소통을 정례화·제도화해야 한다는 것이다.

'20% 대 80% 사회' 프레임으로 나아가기 위해선 소득과 재산의 통계 내실화도 필요하다.[*] 국민 대부분이 자신의 소득과 재산에 대해 상향 비교를 함으로써 자신이 못산다고 주장하는 경향이 매우 강하기 때문이다. 상위 20%에 속하면서도 못산다고 주장하는 사람들을 대상으로 증세를 할 경우 조세 저항이 얼마나 크겠는가. 이건 막연한 짐작이 아니다.

"한국 고소득층의 49.1%는 자기가 빈곤층이라고 느꼈다."[5] NH투자증권 100세시대연구소가 2016년 30~50대 중산층(월 소득 187~563만 원) 1,128명과 고소득층(월 소득 563만 원 이상) 232명을 대상으로 조사한 결과다. 누구나 다 돈 걱정 때문에 불안 증세를 보인다지만, 고소득층의 절반이 자기가 빈곤층이라고 느낀다니 놀랍지 않은가. 이건 정말 해도 너무 했지만, 그게 현실인 걸 어이하랴. 이 현실을 바꾸기 위해서 자신이 10등급 분포에서 어느 등급에 속하지는 정확히 알게 할 필요가 있다. 물론이로 인해 하위 등급에 속하는 사람들이 상대적 박탈감을 느끼거나 상처를 받는 부작용도 있을 수 있겠지만, 그렇다고 언제까

● 2019년 10월 16일 교육시민단체 사교육걱정없는세상(사교육걱정)은 기자회견을 열고 "특권 대물림 교육 실태를 확인할 수 있는 지표를 국가 수준에서 통합하고 관리하는 실효성 있는 제도를 마련하라"고 정부에 촉구했는데, 이런 게 바로 통계 내실화다. 해마다 국정감사 때면 쏟아져나오는 '교육 불평등' 실태에 관한 통계는 모두 국회의원이나 시민단체들이 개별적으로 확보한 자료들로, 교육 불평등 실태를 일목요연하게 종합적으로 보여주는 정부의 공식 통계는 아직 없으니, 그런 요구가 나오는 게 당연하지 않은가. 최원형·이유진, 「사교육걱정 "특권 대물림 등 '교육 불평등 지표' 정부가 관리해야"」, 『한겨레』, 2019년 10월 17일, 10면.

지 '1% 대 99% 사회' 프레임으로 진실을 외면할 수는 없잖은가.

추상의 세계는 모두가 다 동의할 수 있다. 하지만 그 추상을 구체적 언어로 바꿔 제시하면 엄청난 갈등과 반발이 벌어지기 마련이다. 오죽하면 '정의의 이론'을 세우기 위해 평생을 바친 존 롤스John Rawls, 1921~2002가 "갈등이 더욱 깊어질수록 이 갈등의 뿌리에 관한 분명하고 정리된 견해를 얻기 위하여 추상의 수준을 높일 수밖에 없다"고 했겠는가.[6] 하지만 이론이 아닌, 구체적 삶의 변화를 위해선 추상의 구체화로 갈 수밖에 없다. 구체적 영역으로 진입해야 해결책 모색도 가능해지고, 무책임한 포퓰리즘도 억제할 수 있다.

공짜로 '도덕적 우월감'을 누릴 수는 없다

세 번째 질문과 관련, '도덕적 우월감' 문제는 한국 현대사의 특수한 환경과 조건에서 생성된 386 운동권 세대를 생물학적으로 사라지게 만드는 세월이 해결해줄 것이다. 하지만 그들이 아직 50대로 원기왕성하다는 걸 감안해 지금 당장 쓸 수 있는 방법도 고민해야 한다. 무엇보다도 '내로남불' 현상을 좀더 심각하게 생각해야 하는데, 문제는 일반 유권자들까지 이 현상에 감염되어 있기 때문에 치유가 영 쉽지 않다는 데에 있다.

선악 이분법도 마찬가지다. 독선과 오만 대신 타협의 가치를 높이 평가하는 풍토가 조성되어야 마땅함에도 때마침 밀어닥친 디지털 혁명이 역사의 뒤안길로 사라졌어야 할 부족주의를 되살려 놓았으니, 이렇다 할 답이 없는 게 현실이다. 그럼에도 내로남불과 직결된 위선의 문제를 끊임없이 사회적 화두로 제기하면 조금이나마 달라질 것이다.

진보는 억울하다고 주장한다. 똑같은 도덕적 잘못을 저질러도 보수에 비해 훨씬 더 호되게 당하는 게 그렇다는 것이다. 그래서 진보 진영 일각에서는 그걸 '기울어진 운동장'이라며 진보는 도덕에서 자유로워져야 한다고 주장한다. 도덕을 아예 내팽개치자는 주장은 아닐 테고, 아마도 도덕적 굴레에 너무 얽매이지 말자는 걸로 이해할 수 있겠다.

그러나 세상에 공짜는 없는 법이다. 유권자들이 정책을 완전히 외면하는 건 아니지만 정책보다는 사람을 보고 표를 던지는 걸 어이하랴. 진보는 지금 이대로의 세상에 많은 문제가 있다며 변화를 추구하는 사람들이다. 그 과정에서 변화에 저항하는 사람들을 향해 비판을 하면서 사실상 '도덕적 우월감'을 드러내거나 과시하기도 한다. 그래 놓고선 보수와 같은 수준의 도덕을 누리겠다니, 이게 말이 되는가?

물론 말이 된다고 생각하는 사람들도 있겠지만, 중요한 건 결코 그렇게 생각하지 않는 유권자가 많다는 사실이다. 이는 지난 2016년 미국 대선에서도 충분히 입증된 사실이다. 민주당 후보 힐러리 클린턴과 공화당 후보 도널드 트럼프가 맞붙었던 이 대선의 주요 쟁점 중 하나는 바로 위선 문제였다. 트럼프는 대선 기간 내내 힐러리를 '위선자'로 몰아붙였다. 트럼프는 인종차별적이고 성차별적인 막말도 서슴지 않았지만, 그마저 '솔직'으로 포장하면서 자신은 위선과는 거리가 먼 사람이라는 걸 강조했다.

단지 그 정도였으면 트럼프가 대선에서 승리하긴 어려웠을 것이다. 문제는 힐러리의 위선이 부도덕한 축재에서 각종 특권의 향유에 이르기까지 충분한 근거가 있다는 게 대선 기간 내내 주요 이슈로 부각되었다는 점이다. 이는 트럼프의 인종차별적이고 성차별적인 언행에 비하면 비교적 '사소한' 것이었지만, 스스로 '악당'을 자처한 트럼프에겐 그런 몹쓸 언행마저 별 문제가 되지 않았다. 진보로선 기가 막힐 일이었지만, 이는 위선에 대한 대중의 혐오가 얼마나 강한지를 간과한 자업자득自業自得이었다.[7]

"성인이 아니면 입 닥쳐"를 요구하는 게 아니다

힐러리의 패배, 그리고 다음 해인 2017년 프랑스 대선에서 좌파 엘리트 정당인 사회당이 처참한 패배를 기록한 건 모두 좌파 엘리트의 위선에 대한 극도의 반감 때문이었다. 한국은 예외일까? 진보 언론이 한 번쯤 경고할 필요가 있지 않을까? 그러나 놀랍게도 진보 언론은 이런 문제엔 아무런 관심이 없고 오히려 보수 언론이 "한국의 집권당도 이대로 가면 프랑스 사회당의 전철을 밟게 될 가능성이 커질 것이다"고 걱정해주고 있으니,[8] 참으로 희한한 일이다.

그러니 한국의 진보가 '조국 사태'의 심각성을 잘 몰랐던 것도 놀랄 일은 아니리라. 복잡하게 이야기할 것 없이, 어느 학부모의 말을 들어보자. "난 나경원과 관련된 의혹이나 소문 또는 팩트에 대해 별로 놀랍지도 화나지도 않아. 그렇게 살아온 사람일 거라는 예상이나 편견이 있었으니까. 그런데 조국도 그리 다르지 않을 것 같다는 뉴스를 접할 때는 허탈 쓸쓸. 때론 다소 분노. 기회는 평등, 과정은 공정, 결과는 정의가 이런 거였나?"●

● 이는 계명대학교 사회학과 교수 최종렬이 '지방대 자녀를 둔 386세대가 대화 도중 내뱉은 한탄'이라며, 다음과 같은 말 다음에 소개한 것이다. "진보와 보수가 아주 다를 것이라는 기대는 조국과 나경원의 삶을 접하면서 완전히 무너졌다. 사회학에서는 가치를 추구하는 방식을 조절하는 규칙을 '규범'이라 부른다. 똑같은 가치를 지니고 있어도 규범은 얼마든지 다를 수 있다. 한 종교 안에 수많은 교파가 존재하는 이유다. 하도 싸우길래 사람들은 조국과 나경원이 다른 가치를 가지고 있다고 어느 정도 믿게 되었다. 그런데 목적 달성을 위해 온갖 사회 자본을 전략적으로 활용하는 방식이 너무나 쌍둥이라 화들짝 놀랐다." 최종렬, 「국과원」, 『경향신문』, 2019년 10월 11일, 31면.

보수만 그렇게 생각하는 게 아니다. 진영 논리가 없거나 약한 진보도 그렇게 생각한다. 진보에만 엄격한 도덕성을 요구하는 건 '기울어진 운동장'이라는 주장은 정치는 상위 20%에 속하는 강남 좌파가 해야 한다는 전제를 깔고 있다는 점에서 위험하다. 공직 후보자를 이렇게까지 까발리면 누가 공직을 맡으려고 하겠느냐는 항변도 강남 좌파들의 사치스러운 푸념일 뿐이다. "저요! 저요!"라고 손들 사람이 무수히 많다. 청문회의 신상 털기가 전혀 두렵지 않을 정도로 도덕적으로 산 사람이 많다는 것이다.

진보의 도덕성을 강조하면 나오는 반론의 모범 답안이 있다. "그러면 누가 진보를 하겠느냐. 진보는 이슬만 먹고사느냐. 진보의 씨를 말릴 작정이냐." 그러나 이런 반론은 전형적인 '물타기 수법'이거나 '미끄러운 경사면의 오류fallacy of slippery slope'다.' "성인聖人이 아니면 입 닥쳐Saint or shut up"라는 식의 도덕적 완벽을 요구하는 게 아니기 때문이다. 장관 인사 청문회 때마다 논란이 되는 진보 인사들의 부도덕한 행태 수준의 도덕을 말하는 것이고, 그런 정도의 부도덕에서 자유로운 사람은 무수히 많다는 것이다.

하지만 그런 사람들은 공직에 나설 기회가 없다. 학벌 자본을 비롯해 모든 자본에서 열세인 그들에게 기회를 주기 위해서라도 도덕성을 요구하는 건 정당하거니와 바람직하다. 공직의

자리가 무섭다는 걸 각오한 사람만이 정관계의 엘리트가 될 수 있게 하는 게 무엇이 문제란 말인가? 국민들의 뜻도 그러하다. 2019년 9월 한겨레경제사회연구원이 여론조사 전문기관 글로벌리서치에 맡긴 '우리 사회의 지속가능성에 대한 국민 의식' 조사 결과를 보면, "대통령이 고위 공직자를 임명할 때 도덕성이 다소 약하더라도 능력이 받쳐주면 괜찮다"는 항목에 부정적으로 답한 사람이 69.5%나 되었다.[10]

위선에 둔감한 진보의 고질병

진보는 위선에 둔감하다. '고질병'이라고 해도 좋을 정도다. 왜 그런가? 개인적으로 먹고사는 문제나 자녀 교육에서 진보와 보수의 차이가 거의 없다는 건 이젠 상식이 되었다. 진보는 공적 영역과 사적 영역을 분리해 생각하고 행동하는 게 당연하다고 생각하기 때문에 그런 상식의 함의를 깨닫는 데에 무능하다. 진보는 늘 중·하층의 민생을 염려하면서 최상층을 비판하는 말을 많이 한다. 적당히 대충 하는 게 아니라 온갖 화려한 수사를 동원해가면서 한다. 가능한 한 유권자들의 심금을 울리기 위해서 말이다. 그런데 바로 이런 감성적 수사가 부메랑으로 돌아온다.

문재인은 대통령 취임사에서 '국민과 수시로 소통하는 대통령'이 되겠다고 여러 차례에 걸쳐 약속하고 또 약속했지만, 이 약속은 지켜지지 않았다. '소통'보다는 '불통'에 가까웠다. 이것도 비극이지만, 더 큰 비극은 그가 이 사실을 깨닫지 못하고 있으리라는 점이다. 그는 자신이 소통을 잘한다고 믿고 있을지도 모른다. 모든 지도자가 그렇듯이 '긍정과 찬양의 바다'에 떠 있는 외딴 섬에 갇혀 지내기 때문일 게다. 그럼에도 진보는 보수와 달리 찬양에 대한 면역이 강할 것이라고 믿는 착각은 광범위하게 퍼져 있다.

문재인은 취임사에서 "문재인과 더불어민주당 정부에서 기회는 평등할 것입니다. 과정은 공정할 것입니다. 결과는 정의로울 것입니다"라고 선언했다. 역사에 길이 남을 명언이었지만 과욕이었다. 이 명언은 지식인이 당위적 선언으로나 할 수 있는, '꿈과 같은' 이상이었기 때문이다. 5년 임기의 정권이 해낼 수 있는 일이 결코 아니었다. '문재인과 더불어민주당 정부'를 빼고 "우리 대한민국은 평등한 기회, 공정한 과정, 정의로운 결과를 추구하는 나라가 되어야 할 것입니다" 정도로 만족했어야 했다.

우리는 '조국 사태'의 와중에서 이 명언이 엄청난 부담과 책임 추궁으로 돌아온 부메랑 현상을 목격했다. 그게 얼마나 타당한가 하는 건 별개의 문제다. 전체 국민의 절반가량이 그런 추궁을 했다는 정치적 현실이 중요하다.

문재인 정부가 심혈을 기울여 추진한 '최저임금제', '주 52시간제', '비정규직의 정규직화', '시간강사법' 등 일련의 정책은 사회적 약자를 배려하는 아름답고 훌륭한 정책이었다. 하지만 정책이 시행될 때 일어날 수 있는 '의도하지 않은 결과'나 부작용에 대한 대처 방안이 미리 제대로 검토조차 되지 않았다는 게 충분히 드러났다. 이 또한 진보가 선호하는 추상적 당위의 함정이다. 이는 '결과적 위선'으로 지탄받을 뿐만 아니라 정책에 대한 국민적 불신을 가중시키는 결과를 초래하기 마련이다.

진보는 여전히 억울하겠지만, 위선은 관리의 대상임을 인식하고 말을 앞세우는 걸 자제해야 한다. 적어도 정책 영역에선 현실을 당위적 수사에 종속시키지 말고, 실천은 반드시 성공시켜야 한다는 '책임 윤리'를 가져야 한다. 그럴 때에 비로소 반대 세력과도 소통하고 타협해야 한다는 필요성을 절감하게 될 것이다. 위선에 민감해지기 위해선 일부러 악역을 맡아 문제를 끊임없이 지적하는 '악마의 변호인Devil's Advocate' 제도를 청와대에서부터 여당에 이르기까지 광범위하게 도입해야 한다.* 누군가 큰 용기를 내서 내부 고언을 하면 적을 이롭게 하는 '내부의 적'으로 몰아 몰매를 주고 '마녀사냥'을 해대는 현 상황에선 그 방법밖엔 없지 않은가.

'열정의 비대칭성'과 '공공 지식인'의 소멸

좌우를 막론하고 정치에서 소통을 어렵게 만드는 건 늘 순수주의자들purists이다.[11] 이들은 가능성을 추구하는 정치를 이상을 추구하는 종교처럼 대하기 때문에 타협을 거부하는 강경파로 활약하기 마련이다.[12] 어느 집단에서건 이런 강경파는 소수임에도 지배력을 행사한다. 강경파와 강경파 지지자들의 강점은 뜨거운 정열이기 때문이다. 일반 유권자들에겐 선거일에 투표만 하는 것도 정치 참여지만, 그건 가장 낮은 단계의 참여다.

생업을 잠시 중단해가면서까지 자신이 지지하는 정치인이나 정치세력에 자금을 지원하고 정치 관련 모든 집회나 시위에 열심히 뛰어드는 참여를 생각해보자. 이런 높은 단계의 참여를

● 특히 청와대의 '집단 사고groupthink' 문제가 심각하다. 총선 불출마 선언을 한 더불어민주당 의원 이철희가 언론 인터뷰에서 "청와대가 바뀌었으면 하는 건?"이라는 질문에 다음과 같이 답한 게 지금 현실이다. "생각이 다른 사람, 출신이 다른 사람, 선거에 기여했든 안 했든 측근이 아닌 사람. 지금 청와대에 이질적인 요소가 있나. 그런 사람이 있어야 건강하게 견제가 되고 균형을 이룰 수 있다. 노NO라고 할 수 있는 참모가 있어야 한다." 신용호, 「"청와대에 NO 할 수 있는 이질적인 참모 있어야"」, 『중앙일보』, 2019년 10월 18일, 26면; 강준만, 「왜 최고의 엘리트 집단이 최악의 어리석은 결정을 할까?: 집단 사고 이론」, 『감정 독재: 세상을 꿰뚫는 50가지 이론 1』(인물과사상사, 2013), 274~277쪽 참고.

하는 이들은 '일당백'이다. 한 사람이 겨우 투표나 하는 유권자 100명 아니 그 이상의 몫을 해낸다는 것이다. 따라서 머릿수로 따질 일이 아니다. 정당, 지지자 모임 등 어느 조직에서건 강경 파가 머릿수 이상의 영향력을 행사할 수 있는 결정적 이유다.

인터넷이나 소셜미디어에서 나타나는 이런 '열정의 비대칭성'은 진정한 여론에 대해 착각하게 만드는 효과를 내기도 한다.[13] 열정이 넘치는 사람들은 하루 온종일 스스로 콘텐츠를 만들거나 댓글 다는 데에 몰두하기도 하지만, 열정이 없는 사람들은 그런 공을 들이진 않는다.

예컨대, 포털사이트를 보자. 2018년 네이버에서 댓글을 작성한 회원은 전체 회원의 0.8%에 불과했다. 6개월간 네이버 뉴스에 한 건이라도 댓글을 단 사용자는 175만여 명이었지만, 1,000개 이상의 댓글을 단 아이디는 3,500여 개였다. 전체 인터넷 사용자 인구 대비 0.008%에 해당하는 사람이 전체 댓글 여론에 영향을 미친 셈인데, 이게 바로 댓글 조작 사건이 벌어지는 배경이다.[14]

정치인의 선발 과정에서 이런 '초기 효과'는 매우 중요한 의미를 갖는다. 열성적인 지지자를 많이 거느린 후보들만이 경쟁의 무대에 오를 수 있다는 걸 의미하기 때문이다. 선거 과정이 진행되면서 초기의 열성적 지지자들은 소수가 되지만, 그들이 초기에 구축한 '파워 베이스'는 이후에도 지속적인 영향력을 갖기 마련이다. 그런 베이스에서 거절당하면 아예 출사표를 던질 기회조차 갖지 못하기 때문에 정치인들은 '당파성 전사'로 나서야 한다는 걸 온몸으로 느끼고 있는 셈이다.[15]

그래서 미국에선 예비선거 시스템이 '정치적 양극화political polarization'를 악화시킨다는 우려가 제기되고 있다.[16] 정치인의 선발 이후에도 정치 담론의 주요 의제와 내용이 강경파들에 의해 초기에 결정되면 정치는 선악 이분법의 도덕으로 변질된다. 이게 지금 한국 정치가 당면해 있는 딜레마이자 현실이기도 하다.

'정치적 양극화' 체제하에선 정파성을 초월해 독자적인 판단을 내리는 '공공 지식인public intellectuals'은 소멸의 길을 걷게 된다.[17] 반대 진영의 악플 공세가 신경 쓰이거나 두렵기도 하겠지만, 어느 진영에건 몸을 담지 않으면 자신의 주장을 경청해줄 수용자를 만나는 것 자체가 매우 어려워지기 때문이다. '공공 지식인'이 사라진 곳에서 번성하는 건 각자 자기 진영의 이해관계를 대변하는 '직업적 선동가들polarization entrepreneurs'뿐이다.

'필터 버블'의 감옥에 갇힌 사람들

미국에서 활약했던 '직업적 선동가들' 가운데 발군의 실력을 보였던 인물이 바로 러시 림보Rush Limbaugh다. 그는 선동적 독설과

쇼맨십이 매우 뛰어난 보수 방송인이었는데, "림보가 하는 말이라면 무조건 믿는 사람들은 수십 년 동안 심지어 터무니없어도 그의 말은 무엇이든 앵무새처럼 따라했다".[18]

좌우를 막론하고 존재하는 직업적 선동가들을 추종하는 사람들을 '바보'로 생각하면 큰 오해다. 그들의 맹신은 지능이나 지성의 문제라기보다는 '미디어 폭발'로 인한 기술적 문제다. 그 어떤 미디어건 미디어는 이제 일반 대중을 상대로 장사하지 않는다. 미디어의 수가 수백, 수천 개로 폭증한 상황에서 그런 식으로 장사했다간 밥 굶기 십상이다.

정치 미디어는 크게 좌우로 양분되었고, 좌우 진영 내에도 세분화된 정치적 색깔과 취향에 따라 수많은 미디어가 존재한다. 오늘날 사람들은 자신의 색깔과 취향에 맞는 미디어만 소비한다. 다른 성향의 미디어는 아예 거들떠보지도 않은 채 자기만의 '필터 버블filter bubble' 감옥에 갇혀 지낸다. 물론 다른 생각을 가진 사람과의 소통은 불능 상태에 빠진다.

이건 이론이 아니라 현실이다. 엄연한 한국의 현실이다. 실제로 나는 특정 미디어만 오랫동안 소비하는 사람들에 대한 관찰을 통해 '필터 버블'의 무서움을 실감했다. 이런 사람들은 직업적 선동가들의 말을 앵무새처럼 따라하면서도 그게 자신의 독자적인 생각처럼 확신하는 걸 주저하지 않는다. 아, 이 일을 어찌할 것인가!

학생들이 신문을 보던 시절엔 나는 학생들에게 꼭 보수-진보 신문을 동시에 보라고 권했다. 『조선일보』를 격하게 비난할 때에도 그랬다. 특히 언론사 지망생들에겐 보수-진보 신문의 사설을 동시에 읽으면서 비교 평가해보는 게 절대적으로 중요하다고 강조했다. 양쪽을 다 알아야 자신의 논지를 탄탄하게 만들 수 있다는 실용적인 이유에서였다.

신문을 읽던 시절엔 다른 쪽의 주장을 접할 기회가 비교적 많았지만, 이제 그런 시절은 사라지고 말았다. 1996년 69.3%였던 신문 구독율은 2016년 14.3%로 떨어졌다.[19] 때는 바야흐로 소셜미디어의 시대가 아닌가. 알고리즘algorithm의 농간까지 가세하고 나섰다. '필터 버블'이란 말을 만든 엘리 패리저Eli Pariser는 "나는 정치적으로 왼쪽이지만 보수적인 사람들이 어떻게 생각하는지 듣고 싶다. 그래서 그들과 친분을 맺고 몇몇은 페이스북에 친구로 등록했다. 나는 그들이 어떤 글을 읽고 보는지, 의견은 무엇인지 그들의 생각을 알고 싶었다"고 말한다. 물론 그는 뜻을 이룰 수 없었다. 다른 생각은 원천 차단되기 때문이다.*

나는 '조국 사태'가 필요 이상으로 강고한 대립 구도를 형성하면서 사람들을 격앙되게 만든 이면엔 이런 '필터 버블'의 비극이 적잖이 작용했다고 생각한다. 과거엔 생각이 다른 사람들과는 벽을 쌓은 채 생각이 같은 사람들끼리만 어울리는 데엔 어느 정도의 수고가 필요했지만, 이젠 물 흐르듯이 흐르는 자연스러운 일상이 되고 말았다. 개인은 죽고 집단으로만 생각하는 '집단 사고groupthink'는 이젠 예외적인 게 아니라 보편적인 사회 현상이 된 건 아닐까? 그럼에도 할 말은 해야겠기에 이런 종이 책이나마 썼지만, 시대착오적인 시도는 아니었는지 모르겠다. 그래도 마지막 한마디는 더 하면서 끝을 맺고자 한다.

진보의 의제 대전환이 필요하다

"조국 사태로 진보 진영은 분열한 게 아닙니다. 몰락했습니다." '조국 사퇴' 직후 나온 김경율의 탄식이다. 그는 "조국 사태로 진보 진영의 권력 지향적 태도, 무비판적 사고가 민낯처럼 드러났

● "그러나 그들의 링크는 나의 뉴스피드News Feed(특정한 뉴스를 다른 서버로 송고하는 것)에 올라오지 않았다. 그 이유는 페이스북이 산수를 하고 있기 때문이다. 페이스북은 내가 여전히 진보적인 친구들을 더 자주 클릭하고 있다는 사실을 계산하고서 그들의 링크를 올려주는 반면, 보수적 친구들의 글이나 레이디 가가의 최신 비디오 파일과 같은 내용은 나에게 링크해주지 않는다. 나는 페이스북이 무엇을 보여주고 무엇을 감추는지 알아내기 위해 몇 가지를 조사해보았다.……나는 개별화가 우리에게 얼마나 가까이 있는지를 알고는 다시 한번 경악했다. 구글과 페이스북뿐 아니라 거의 대부분의 웹사이트가 개별화를 하고 있었다." 엘리 패리저Eli Pariser, 이현숙·이정태 옮김, 『생각 조종자들』(알키, 2011), 10, 20쪽.

다"며 "이 와중에 불에 탄 집 속에서 뭐 남은 거 있나 찌꺼기를 찾고 있는 사람들을 보니 너무 형편없고 처참하다"고 말했다.[20]

혹 진보 진영은 몰락했다기보다는, 적어도 민주화 이후 민주주의 체제에선 불평등 문제에 관한 한 아예 존재하지 않았던 건 아닐까? 이건 더욱 비관적인 견해가 아니냐고 할지 모르지만, 나는 오히려 이게 더 낙관적인 진단일 거라고 생각한다. 몰락 후 재건축보다는 신설이 훨씬 더 쉬울 수도 있기 때문이다.

'조국 사태' 기간에 더불어민주당은 겉으론 일심동체一心同體인 것처럼 보였지만, 진실을 말하자면 '집단 사고'를 강요당하고 있을 뿐이었다. 일부 의원들은 "'조국 사퇴'를 말하면 경선에서 지고, '조국 사퇴'를 말하지 않으면 본선에서 진다"고 푸념했다.*
제21대 총선 불출마를 선언한 더불어민주당 의원 이철희는 "양질의 사람이 들어와도 당의 구속을 받다보니 이상해진다. 상대를 죽여야 내가 사는 이런 정치는 정치가 아니다"라고 했다.[21]

국회의원이건 검사건 강고한 권력 위계의 졸卒이 되어 각자의 개별성을 상실한 채 '단일대오 패거리'의 일원으로 행동할 수밖에 없다는 것, 그리고 일반 시민들조차 이런 패거리 풍토에서

---

* 2019년 10월 12일 대안정치연대 의원 박지원이 『TV조선』의 〈강적들〉이라는 프로그램에서 자신이 만난 더불어민주당 의원들의 푸념이라며 소개한 말이다.

자유롭지 못하다는 것이 모든 비극의 본질이다. 이런 메커니즘은 누구나 다 알고 있는 비밀이지만, 이 비밀의 전모는 파국의 상황에 내몰리기 전까진 결코 본격적인 공론장 의제가 될 수 없다. 문제는 우리가 그래도 좋을 한가한 상황에 처해 있지 않다는 사실이다.

2015년 1월 9일 KAIST 미래전략대학원의 토론회 '한국인은 어떤 미래를 원하는가'에서 과학기술정책연구원 박사 박성원은 20~34세 청년층의 설문조사 결과를 발표했다. 놀랍게도 응답한 청년의 42%가 "붕괴, 새로운 시작"을 원했다.[22] 2019년 9월 한겨레경제사회연구원이 여론조사 전문기관 글로벌리서치에 맡긴 '우리 사회의 지속가능성에 대한 국민 의식' 조사 결과를 보면, 한국 사회의 지속가능성에 대해 21.7%만이 '낙관한다'고 응답했으며 '비관한다'는 응답은 2배쯤 많은 42.1%였다.[23]

지금 이대론 안 된다는 걸 절감하는 국민이 많다는 건 기존 이분법 전쟁에 참전해 확신으로 똘똘 뭉친 사람들이 자신의 확신을 의심해봐야 한다는 걸 의미하는 게 아닐까? 민주화를 위해 투쟁하던 시절엔 확신은 물론 '광신狂信'마저 투쟁의 동력으로 필요했고 긍정 평가할 수 있었겠지만, 그건 지나간 역사다. '민주화 이후의 민주주의' 체제하에선, 게다가 사회적 갈등과 분열이 극심한 상황에선, 그 어느 쪽을 막론하고 우리가 가장 경계해야 할 것은 확신이다. 확신은 나의 확신을 공유하지 못하는 사람을 적敵으로 돌리는 '잔인한 사고방식'이기 때문이다.*

적잖은 국민이 확신을 갖고 매달리는 기존 좌우, 진보-보수 구도는 허구다. 그건 '1% 대 99% 사회' 프레임을 전제로 한 대립 구도일 뿐, '20% 대 80% 사회' 프레임을 쓰면 전혀 다른 전선이 만들어진다. 평등이 진보의 최고 가치라는 데에 이의를 제기하는 진보가 있다면 차분하게 논쟁을 해보자. 설사 그런 반론이 있다 하더라도, '평등을 외면하는 진보'가 가능한지는 의문이다. 기존 좌우, 진보-보수 구도로 불평등을 해소한다는 건 백년하청百年河淸이다.

진보의 의제 대전환이 필요하다. 강남 좌파는 존중받아야 할 대상이지만, 모든 정치인의 강남 좌파화는 곤란하다. 기존의 위선 둔감증에서 탈출해야만 진보가 가장 우선시해야 할 의제가 무엇인지 선명하게 떠오를 것임을 믿어 의심치 않는다. 진보의 우선적인 사명은 불평등 해소나 완화이며, 정치는 불평등을 악

----

* 미국 하버드대학 심리학자 엘렌 랭어Ellen J. Langer는 다음과 같이 말한다. "30년 이상 연구를 해오면서 나는 인간 심리에 관한 매우 중요한 진실을 발견했다. 바로 '확신은 잔인한 사고방식'이라는 점이다. 확신은 가능성을 외면하도록 우리 정신을 고정시키고, 우리가 사는 실제 세상과 단절시킨다." 엘렌 랭어Ellen J. Langer, 변용란 옮김, 『마음의 시계: 시간을 거꾸로 돌리는 매혹적인 생리 실험』(사이언스북스, 2009/2011), 44~45쪽.

화시키라고 존재하는 게 아니다.

11월 9일 문재인 대통령이 임기 반환점을 돈다. 아직 충분한 시간이 남아 있다. 문재인 정부는 성공할 수 있으며, 꼭 성공해야만 한다. 성공하지 못한다면, 박근혜 퇴진 촛불 집회에 나온 그 수많은 시민의 심정이 어떻겠는가? 그들의 배신당한 처참한 심정이 이후 어떤 결과를 낳겠는가? 두렵게 생각해야 할 일이다. 성공으로 가기 위해 반드시 넘어서야 할 벽이 하나 있다. 그건 바로 소통을 거부하는 도덕적 우월감이다. 이걸 극복해야 한다. 어떻게? 문재인 대통령의 취임사에 이미 그 답이 나와 있다. 나는 문재인 대통령이 매일 아침 다음 약속을 읽는 걸로 하루 일과를 시작하기를 간절히 바란다.

저는 감히 약속드립니다. 2017년 5월 10일, 이날은 진정한 국민 통합이 시작되는 예로 역사에 기록될 것입니다.……국민과 수시로 소통하는 대통령이 되겠습니다.……퇴근길에는 시장에 들러 마주치는 시민들과 격의 없는 대화를 나누겠습니다. 때로는 광화문광장에서 대토론회를 열겠습니다.……분열과 갈등의 정치도 바꾸겠습니다. 보수와 진보의 갈등은 끝나야 합니다. 대통령이 나서서 직접 대화하겠습니다. 야당은 국정 운영의 동반자입니다. 대화를 정례화하고 수시로 만나겠습니다.……저에 대한 지지 여부와 상관없이 유능한 인재를 삼고

초려해 일을 맡기겠습니다.……약속을 지키는 솔직한 대통령이 되겠습니다. 선거 과정에서 제가 했던 약속들을 꼼꼼하게 챙기겠습니다.……소통하는 대통령이 되겠습니다.……군림하고 통치하는 대통령이 아니라 대화하고 소통하는 대통령이 되겠습니다.

머리말

1 남정욱, 「강남 좌파여, 얼굴에 기름기 넘치면서…명예마저 가지려는 '심보'
는 뭐냐」,『조선일보』, 2012년 8월 11일.
2 안준용 · 윤형준, 「청 · 정부 고위직 32%, 강남 3구에 집 소유」,『조선일
보』, 2018년 3월 30일.
3 주혜린, 「[공직자 재산 공개] 고위 공무원 절반이 강남 집주인」,『뉴스 1』,
2019년 4월 1일.

제1장

1 앤서니 앳킨슨(Anthony B. Atkinson), 장경덕 옮김,『불평등을 넘어: 정
의를 위해 무엇을 할 것인가』(글항아리, 2015), 33쪽.
2 조지프 스티글리츠(Joseph E. Stiglitz), 이순희 옮김,『불평등의 대가: 분
열된 사회는 왜 위험한가』(열린책들, 2012/2013), 76~113쪽.
3 토마 피케티(Thomas Piketty), 장경덕 외 옮김,『21세기 자본』(글항아리,
2013/2014).
4 리처드 리브스(Richard Reeves), 김승진 옮김,『20 VS 80의 사회: 상
위 20퍼센트는 어떻게 불평등을 유지하는가』(민음사, 2017/2019), 64,

230쪽.

5   리처드 리브스(Richard Reeves), 김승진 옮김, 『20 VS 80의 사회: 상위 20퍼센트는 어떻게 불평등을 유지하는가』(민음사, 2017/2019), 13~26쪽; 배문규, 「다 1% 탓?…20%의 '위선'을 벗기다」, 『경향신문』, 2019년 8월 31일, 17면.

6   래리 바텔스(Larry M. Batels), 위선주 옮김, 『불평등 민주주의: 자유에 가려진 진실』(21세기북스, 2008/2012), 361~393쪽.

7   리처드 리브스(Richard Reeves), 김승진 옮김, 『20 VS 80의 사회: 상위 20퍼센트는 어떻게 불평등을 유지하는가』(민음사, 2017/2019), 46쪽; 배문규, 「다 1% 탓?…20%의 '위선'을 벗기다」, 『경향신문』, 2019년 8월 31일, 17면.

8   매슈 스튜어트(Matthew Stewart), 이승연 옮김, 『부당 세습: 불평등에 공모한 나를 고발한다』(이음, 2018/2019), 102쪽.

9   매슈 스튜어트(Matthew Stewart), 이승연 옮김, 『부당 세습: 불평등에 공모한 나를 고발한다』(이음, 2018/2019), 12~13쪽.

10   매슈 스튜어트(Matthew Stewart), 이승연 옮김, 『부당 세습: 불평등에 공모한 나를 고발한다』(이음, 2018/2019), 86쪽.

11   매슈 스튜어트(Matthew Stewart), 이승연 옮김, 『부당 세습: 불평등에 공모한 나를 고발한다』(이음, 2018/2019), 12~13쪽.

12   노현웅, 「부동산 양도차익 등 '불로소득' 130조 원 돌파…양극화 극심」, 『한겨레』, 2019년 10월 7일.

13   이두걸 · 하종훈, 「상 · 하위 20% 소득 격차 5.3배 역대 최대…'빈곤 늪' 장기화 우려」, 『서울신문』, 2019년 8월 23일.

14   김지훈, 「"권력 장악 '막강 386세대' 양보해야 자녀 세대가 산다"」, 『한겨레』, 2019년 8월 12일, 21면.

15   이철승, 『불평등의 시대: 누가 한국 사회를 불평등하게 만들었는가?』(문학과지성사, 2019), 59~60쪽.

16   이한수, 「풍요의 역설…10억이 있어도 "나는 가난하다"」, 『조선일보』, 2014년 10월 18일.

17   권은중, 「"나는 하층민" 47%…조사 시작 이래 최고치」, 『한겨레』, 2013년

12월 5일.

18　이한수, 「풍요의 역설…10억이 있어도 "나는 가난하다"」, 『조선일보』, 2014년 10월 18일.

19　이본영, 「중산층 80% "난 하위층"…40%는 은퇴 뒤 빈곤층 전락 우려」, 『한겨레』, 2015년 12월 3일.

20　박돈규, 「'중산층'이 사라진다 30년 전 국민 75% "난 중산층"…올해엔 48%로 뚝」, 『조선일보』, 2019년 1월 26일.

21　유근형, 「한경연 "지난해 평균 연봉 3,634만 원…6,950만 원 넘으면 상위 10%"」, 『동아일보』, 2019년 9월 22일.

22　배문규, 「[책과 삶] 다 1% 탓?…20%의 '위선'을 벗기다」, 『경향신문』, 2019년 8월 31일, 17면.

23　버나드 마넹(Bernard Manin), 곽준혁 옮김, 『선거는 민주적인가: 현대 대의 민주주의의 원칙에 대한 비판적 고찰』(후마니타스, 2004), 281~282쪽.

24　강준만, 「왜 독일은 '2014 브라질 월드컵'에서 우승할 수 있었는가?: 필수적 다양성의 법칙」, 『독선 사회: 세상을 꿰뚫는 50가지 이론 4』(인물과사상사, 2015), 225~229쪽 참고.

25　김지훈, 「고위 공직자 절반이 상위 5% 부자…'서민 생활고' 알까」, 『한겨레』, 2015년 3월 27일.

26　이상재, 「[2019 재산 공개] 지난 1년 새 정부 공직자 +5,900만 원, 국회의원 +1억 1,500만 원」, 『중앙일보』, 2019년 3월 28일.

27　강희철, 「'학벌 타파'에 헛심 쓰다 '금수저 세습' 불렀다」, 『한겨레』, 2016년 11월 4일.

28　김한솔, 「232명 중 서울대 99명…박근혜 정부보다 더 공고한 'SKY캐슬'」, 『경향신문』, 2019년 5월 8일.

29　최원형, 「"주요 15개 대학 입시, 학생부 교과는 6%뿐"」, 『한겨레』, 2019년 9월 23일, 1면.

30　윤다빈, 「SKY 재학생 41%가 고소득층 자녀」, 『동아일보』, 2019년 9월 27일.

31　최명국, 「로스쿨 신입생 48.6%, '스카이' 출신」, 『전북일보』, 2019년 5월 7일.

32 공병호, 『좌파적 사고: 왜, 열광하는가?』(공병호연구소, 2019), 163쪽.

33 David Swarts, 「Pierre Bourdieu: The Cultural Transmission of Social Inequality」, 『Harvard Educational Review』, 47:4(November 1977), p.546.

34 고종석, 「"문화는 격렬한 계급투쟁의 장"」, 『시사저널』, 1997년 1월 2일, 92쪽.

35 장학만, 「미, 신분 세습 사회 변질」, 『한국일보』, 2005년 1월 27일; 최형두, 「미 명문대 '무전유죄'?」, 『문화일보』, 2004년 9월 21일.

36 스티븐 맥나미(Stephen J. McNamee) · 로버트 밀러 주니어(Robert K. Miller Jr.), 김현정 옮김, 『능력주의는 허구다: 21세기에 능력주의는 어떻게 오작동되고 있는가』(사이, 2015), 328쪽.

37 Christopher Hayes, 『Twilight of the Elites: America After Meritocracy』(New York: Crown, 2012), p.57.

38 양선아, 「구조화된 특권과 교육 개혁」, 『한겨레』, 2019년 10월 10일, 23면.

39 D. Bell, 「On Meritocracy and Equality」, Jerome Karabel & A. H. Halsey, eds., 『Power and Ideology in Education』(New York: Oxford University Press, 1977), pp.607~635.

40 J. K. Galbraith, 『The Predator State』(New York: Free Press, 2009), p.106.

41 J. Karabel, 『The Chosen』(Boston, MA: Houghton Mifflin, 2005), p.557.

42 조은, 「너희가 대학을 아느냐?」, 『한겨레』, 2002년 11월 25일; 강준만, 「왜 부모를 잘 둔 것도 능력이 되었나?: '능력주의 커뮤니케이션'의 심리적 기제」, 『사회과학연구』, 55권 2호(2016년 12월), 319~355쪽 참고.

43 최원형, 「국민 90% "특권 대물림 교육 심각"」, 『한겨레』, 2019년 10월 8일 6면.

44 리처드 리브스(Richard Reeves), 김승진 옮김, 『20 VS 80의 사회: 상위 20퍼센트는 어떻게 불평등을 유지하는가』(민음사, 2017/2019), 91~113, 146~178쪽; 하현옥, 「유리 바닥 판도라 상자」, 『중앙일보』, 2019년 9월 30일, 35면.

45 정관용 외, 「한완상 "누가 조국家에 부끄럼 없이 돌 던질 수 있겠는가"」, 『CBS노컷뉴스』, 2019년 10월 2일.

46 김창균, 「"조국처럼 깨끗한 사람을…" 어이없고 무섭다」, 『조선일보』, 2019년 10월 10일, A34면.

47 「[사설] '의원 자녀 전수조사', 여야는 약속 꼭 지켜라」, 『한국일보』, 2019년 9월 30일.

48 노정태, 「옮긴이의 말: 그러니 우리는 만나자」, 맬컴 해리스(Malcolm Harris), 노정태 옮김, 『밀레니얼 선언: 완벽한 스펙, 끝없는 노력 그리고 불안한 삶』(생각정원, 2017/2019), 417쪽.

49 「[사설] 이번엔 100조 원, 탈(脫)원전 '오기 정치' 비용」, 『조선일보』, 2017년 12월 19일; 「[사설] "한국 탈원전은 사이비 과학과 미신에 기반한 이념 운동"」, 『조선일보』, 2019년 6월 18일, A35면; 「[사설] 7,000억 들인 멀쩡한 원전 강제 폐기, 문 개인의 나라인가」, 『조선일보』, 2019년 10월 9일, A31면; 권혁주, 「이상하다, 너무 조용하다」, 『중앙일보』, 2019년 10월 17일, 34면.

50 「[사설] 탈원전 한전 상반기 1조 원 적자, 현 정권 책임이다」, 『조선일보』, 2018년 8월 14일; 「[사설] 한전 이어 한수원마저 부실…'탈원전 이념' 고집할 텐가」, 『중앙일보』, 2018년 8월 16일; 권혁주, 「이상하다, 너무 조용하다」, 『중앙일보』, 2019년 10월 17일, 34면.

51 「[사설] 작년에 '태양광'이 훼손한 산지, 이번 강원 산불의 5배」, 『조선일보』, 2019년 4월 6일; 「[사설] 태양광 보조금 중국이 빨아들이고 우리 기업은 파산」, 『조선일보』, 2019년 4월 25일; 원선우, 「태양광 시설 짓는다며 산림 파헤쳐…작년에만 축구장 3,000개 면적 훼손」, 『조선일보』, 2019년 10월 14일, A8면.

52 이정재, 「태양광, 좌파 비즈니스의 탄생」, 『중앙일보』, 2017년 12월 21일; 원선우, 「탈원전 외친 친여 인사 5명이 태양광 발전소 50여 곳 운영」, 『조선일보』, 2019년 10월 4일, A12면.

53 존 롤스(John Rawls), 황경식 옮김, 『사회정의론』(서광사, 1971/1985), 137~208쪽; 데이비드 존스턴(David Johnston), 정명진 옮김, 『정의의 역사』(부글북스, 2011), 324~325쪽; 디팩 맬호트라(Deepak Malhotra)

· 맥스 베이저먼(Max H. Bazerman), 안진환 옮김, 『협상천재』(웅진지식하우스, 2007/2008), 192쪽.

54 존 롤스(John Rawls), 황경식 옮김, 『사회정의론』(서광사, 1971/1985), 33~34쪽; 황경식, 「세기의 정의론자 존 롤스」, 존 롤스(John Rawls), 황경식 옮김, 『정의론(개정판)』(이학사, 1999/2003), 758쪽; 마이클 샌델(Michael J. Sandel), 이창신 옮김, 『정의란 무엇인가』(김영사, 2009/2010), 198, 210~211쪽.

55 최은경, 「김경율 "조국 사태로 진보 분열? 몰락했습니다" 작심 비판」, 『중앙일보』, 2019년 10월 15일.

56 강준만, 「왜 극우와 극좌는 서로 돕고 사는 관계일까?: 적대적 공생」, 『우리는 왜 이렇게 사는 걸까?: 세상을 꿰뚫는 50가지 이론 2』(인물과사상사, 2014), 105~110쪽 참고.

57 송호근, 「부패의 척후」, 『중앙일보』, 2018년 10월 30일.

58 홍세화, 「관제 민족주의의 함정」, 『한겨레』, 2019년 8월 9일, 22면.

59 최은경, 「김경율 "조국 사태로 진보 분열? 몰락했습니다" 작심 비판」, 『중앙일보』, 2019년 10월 15일.

60 현화영, 「공지영 "나라가 두 쪽이 났다? 천만의 말씀"」, 『세계일보』, 2019년 10월 6일.

61 홍영림, 「대통령 지지율 80%의 앞날」, 『조선일보』, 2017년 6월 16일.

62 이원재, 「10% 사회, 1% 사회」, 『한겨레』, 2019년 5월 1일.

제2장

1 김형구, 「'88만원 세대' 우석훈 "검찰 개혁 필요하나 너무 과잉대표 돼"」, 『중앙일보』, 2019년 9월 30일.

2 심진용, 「'선거 공약 전문가' 김재용 "86세대는 부패보다 무능이 문제…구호 세대서 정책 세대로 대전환을"」, 『경향신문』, 2019년 10월 18일, 6면.

3 「Heuristic」, 『Wikipedia』; 「Heuristics in judgment and decision making」, 『Wikipedia』; 이남석, 『편향: 나도 모르게 빠지는 생각의 함정』

(옥당, 2013), 10~11쪽; 하워드 댄포드(Haward S. Danford), 김윤경 옮김, 『불합리한 지구인: 인간 심리를 지배하는 행동경제학의 비밀』(비즈니스북스, 2010/2011), 21쪽; 오형규, 『오락가락, 선택은 어려워: 카너먼이 들려주는 행동경제학 이야기』(자음과모음, 2013), 52쪽; 도모노 노리오(友野典男), 이명희 옮김, 『행동경제학: 경제를 움직이는 인간 심리의 모든 것』(지형, 2006/2007), 69쪽.

4 하정민, 「[세계 경제를 움직이는 사람들] 주류 경제학 '구멍' 파고든 '행동경제학' 창시자」, 『신동아(인터넷)』, 2013년 5월 24일.

5 미하엘 하르트만(Michael Hartmann), 이덕임 옮김, 『엘리트 제국의 몰락』(북라이프, 2018/2019), 196~198쪽.

6 Andrew Gelman et al., 『Red State, Blue State, Rich State, Poor State: Why Americans Vote the Way They Do』(Princeton, NJ: Princeton University Press, 2008), pp.145, 183.

7 토머스 프랭크(Thomas Frank), 김병순 옮김, 『왜 가난한 사람들은 부자를 위해 투표하는가: 캔자스에서 도대체 무슨 일이 있었나』(갈라파고스, 2004/2012), 324쪽.

8 토머스 프랭크(Thomas Frank), 김병순 옮김, 『왜 가난한 사람들은 부자를 위해 투표하는가: 캔자스에서 도대체 무슨 일이 있었나』(갈라파고스, 2004/2012), 45~46쪽.

9 토머스 프랭크(Thomas Frank), 김병순 옮김, 『왜 가난한 사람들은 부자를 위해 투표하는가: 캔자스에서 도대체 무슨 일이 있었나』(갈라파고스, 2004/2012), 52쪽.

10 David Callahan, 『Fortunes of Change: The Rise of the Liberal Rich and the Remaking of America』(Hoboken, NJ: John Wiley & Sons, 2010), pp.31~32.

11 Andrew Gelman et al., 『Red State, Blue State, Rich State, Poor State: Why Americans Vote the Way They Do』(Princeton, NJ: Princeton University Press, 2008), p.24.

12 강준만, 『바벨탑 공화국: 욕망이 들끓는 한국 사회의 민낯』(인물과사상사, 2019) 참고.

13 정양환 · 유원모, 「유전무죄-무전유죄…"여전히 돈 없고 빽 없으면 서럽다"」, 『동아일보』, 2017년 1월 25일.

14 「[사설] 위장전입이 장관 후보의 '필수'가 된 정권」, 『한겨레』, 2015년 3월 6일; 천인성 · 김기환 · 한영익, 「주소 거짓 이전해도 단속 느슨…아무도 죄의식 없는 '관행'」, 『중앙일보』, 2017년 5월 24일; 최원규, 「8번 위장전입 하고도 헌법재판관 되는 나라」, 『조선일보』, 2018년 10월 29일; 조백건 · 신수지, 「최고 법관들의 불법…문 정부가 임명한 5인, 위장전입 22차례」, 『조선일보』, 2018년 12월 5일.

15 임수빈, 「전관예우는 사회 신뢰 좀먹는 암 덩어리다」, 『중앙일보』, 2018년 7월 16일.

16 김양진, 「"비고시 1억 5천 · 고시 2억 5천"…재취업 연봉까지 정해준 공정위」, 『한겨레』, 2018년 7월 27일.

17 오관철, 「재벌 개혁의 적 '공피아'」, 『경향신문』, 2017년 11월 6일.

18 송인한, 「가습기 살균제 사망 1,449명…제대로 된 진상 조사도 없어」, 『중앙일보』, 2019년 10월 14일, 28면.

19 「가습기 살균제, 1,300명 사망의 비밀」, 『MBC』, 2018년 10월 28일.

20 김예리, 「가습기 살균제 피해자 또 숨져…정부는 늦었다」, 『미디어오늘』, 2019년 1월 18일.

21 선명수, 「가습기 살균제 '마음도 파괴'…피해자 10명 중 7명 '만성 울분'」, 『경향신문』, 2019년 3월 15일.

22 구연상, 「가습기 살균제 사건, 재난(참사)인가 악행인가」, 『동서철학연구』, 89호(2018년), 495~516쪽.

23 김관욱, 『아프지 않았으면 좋겠습니다: 무감각한 사회의 공감 인류학』(인물과사상사, 2018), 101쪽.

24 이한재, 「작년 산업재해 사망자 1,957명, 업무상 질병 원인 사망자 급증」, 『비즈니스포스트』, 2018년 4월 27일; 박기용, 「최근 3주 새 50명 사망…'김용균'은 우리 사회 도처에 있다」, 『한겨레』, 2018년 12월 19일; 구본권, 「산재 사망률 1위인 '로봇 천국'」, 『한겨레』, 2019년 1월 3일.

25 이지혜 · 최하얀 · 정환봉, 「멈추지 않는 '위험의 외주화'…산재 사망 90%가 '하청노동자'」, 『한겨레』, 2018년 12월 12일.

26 「[사설] "더이상 죽지 않게 해달라"는 비정규직 호소 외면 말라」, 『경향신문』, 2018년 12월 13일; 「[사설] 또다시 찾아온 비정규직 청년의 죽음 앞에서」, 『한겨레』, 2018년 12월 13일.

27 남지원, 「"지침은 한 번도 지켜진 적 없었다…단순 산업재해 아닌 사회적 타살"」, 『경향신문』, 2018년 12월 19일.

28 김일중, 「'죽음의 발전소' 서부발전 태안화력…2010년부터 사망자만 12명」, 『이데일리』, 2018년 12월 13일.

29 「[사설] '세입자 보호' 방치하는 국회, '민생' 말할 자격 없다」, 『한겨레』, 2019년 10월 16일, 27면.

30 이철호, 「조국부터 베고 검찰을 베라」, 『중앙일보』, 2019년 10월 9일, 27면.

31 정철운, 『박근혜 무너지다: 한국 명예혁명을 이끈 기자와 시민들의 이야기』(메디치, 2016), 100~102쪽.

32 조갑제, 「친박은 '보수의 적' 조중동과 싸워야 살 길이 열린다!」, 『조갑제닷컴』, 2016년 12월 12일.

33 김종구, 「'구교주인' 검찰을 어찌할 것인가」, 『한겨레』, 2019년 9월 26일, 26면.

34 김경필, 「"조국, 법무부 장관에 부적합" 48%…"적합"은 7일 만에 42%→18% 급락」, 『조선일보』, 2019년 8월 26일, A8면.

35 임장혁·이우림, 「[중앙일보 긴급 여론조사] 조국 찬성 27%, 조국 반대 60%」, 『중앙일보』, 2019년 8월 26일, 1면.

36 박정엽, 「[한국갤럽] 조국 반대 57% vs 찬성 27%…수도권·PK·20대서도 '반대'가 '찬성' 2배 넘었다」, 『중앙일보』, 2019년 8월 30일.

37 박홍두, 「'조국 사퇴 잘한 결정' 62%…'잘못한 결정' 28%」, 『경향신문』, 2019년 10월 16일.

38 강병철, 「문 대통령 국정 지지도 39%…취임 후 처음 30%대 기록」, 『연합뉴스』, 2019년 10월 18일.

39 장덕진, 「결손 민주주의 vs 결손 민주주의」, 『경향신문』, 2019년 10월 8일, 31면.

40 홍영림, 「대통령 지지율 80%의 앞날」, 『조선일보』, 2017년 6월 16일.

41 신정록, 「지지율 독재로 가고 있다」, 『조선일보』, 2017년 8월 25일.

42 박성민,「[박성민의 정치 인사이드] '조국 내전' 이후에도 '정의 · 법치 · 공정'을 말할 수 있을까」,『경향신문』, 2019년 10월 5일, 9면.

43 유희곤,「문재인 정부 '특수통 검사' 우대, 박근혜 정부보다 더 했다」,『경향신문』, 2019년 10월 2일, 3면; 조백건 · 류재민,「'검찰 특수부 축소' 조국의 이중성」,『조선일보』, 2019년 10월 2일, A4면; 한영익,「줄이라는 중앙지검 특수부, 문 정부 들어 '23→43명'」,『중앙일보』, 2019년 10월 7일, 1면.

44 한영익 · 정진호 · 김수민,「금태섭 또 소신 발언 "공수처 우려…수사권 조정안도 잘못"」,『중앙일보』, 2019년 10월 16일, 3면.

45 박명림,「조국 사태…검찰을 반드시 개혁하자」,『중앙일보』, 2019년 10월 2일, 31면.

46 홍수민,「조국 가족 수사…지나치지 않다 49%, 지나치다 41%」,『중앙일보』, 2019년 9월 29일.

47 Saul D. Alinsky,「Afterword to the Vintage Edition」,『Reveille for Radicals』(New York: Vintage Books, 1946/1989), pp.224~225.

48 Sanford D. Horwitt,『Let Them Call Me Rebel: Saul Alinsky-His Life and Legacy』(New York: Vintage Books, 1989/1992), p.528.

49 Sanford D. Horwitt,『Let Them Call Me Rebel: Saul Alinsky-His Life and Legacy』(New York: Vintage Books, 1989/1992), pp.524~526; Saul D. Alinsky,「Afterword to the Vintage Edition」,『Reveille for Radicals』(New York: Vintage Books, 1946/1989), p.229.

50 강준만,「왜 '최고 이의 제기자(Challenger in Chief)'가 필요한가?: 악마의 변호인」,『독선 사회: 세상을 꿰뚫는 50가지 이론 4』(인물과사상사, 2015), 237~240쪽 참고.

51 이효상,「톨게이트 요금 수납원 100명의 현장 목소리…우리는 왜 자회사 정규직을 거부하는가」,『경향신문』, 2019년 10월 4일, 12면.

52 전민희,「강사 1만 명 일자리 잃었다…"박사 따서 편의점 알바 할 판"」,『중앙일보』, 2019년 6월 6일; 최원형,「'강사법 해고' 강사 2만 명 넘는데…추경으로 연구비 지원은 2천 명 그쳐」,『한겨레』, 2019년 8월 12일, 12면.

53 「[사설] 부작용 많은 로스쿨, 이대로는 안 된다」, 『중앙일보』, 2014년 8월 29일; 최재경, 「로스쿨, '현대판 음서제'인가」, 『조선일보』, 2015년 9월 7일; 김건호, 「노 전 대통령은 로스쿨을 갔을까」, 『세계일보』, 2019년 8월 31일.

54 이하은, 「[2019 국감] 주요 20개 대학 의대생, 로스쿨생 절반 이상이 고소득층」, 『한국대학신문』, 2019년 10월 7일; 이진한, 「박찬대 의원 "의대·로스쿨생 절반 이상 고소득층"」, 『매일경제』, 2019년 10월 7일.

55 홍수영, 「로스쿨 도입 10년…'용' 적어지고 'SKY캐슬'은 공고화」, 『천지일보』, 2019년 9월 2일.

제3장

1 전병역, 「[지주의 나라] ① 우리들의 일그러진 꿈 '건물주'」, 『경향신문』, 2017년 3월 6일.

2 황의영, 「서울 집값 양극화…비싼 집이 6배 더 올랐다」, 『중앙일보』, 2018년 12월 13일.

3 김태윤 외, 「임원 72%, 의원 44%…대한민국은 386의 나라」, 『중앙일보』, 2019년 9월 23일, 1면.

4 권승준, 「586은 평등하다, 하지만 어떤 586은 더 평등하다」, 『조선일보』, 2019년 9월 28일, B5면.

5 김홍수, 「장차관·청 수석 3분의 2 장악한 '386 정부'…미래 세대 등치는 정책 쏟아낸다」, 『조선일보』, 2019년 8월 22일, A33면.

6 김태윤 외, 「그때는 맞고 지금은 틀리다? "우린 선 너흰 악" 386세대 DNA」, 『중앙일보』, 2019년 9월 25일, 1면.

7 전상진, 「'386 때리기'가 국민 스포츠」, 『한겨레』, 2019년 9월 30일, 27면.

8 성한용, 「조국 사태, 세대가 아니라 계급이 문제다」, 『한겨레』, 2019년 9월 17일, 26면.

9 김정훈·심나리·김항기, 『386 세대유감: 386 세대에게 헬조선의 미필적 고의를 묻다』(웅진지식하우스, 2019), 97쪽.

10 안치용·최유정, 『청춘을 반납한다: 위로받는 청춘을 거부한다』(인물과사 상사, 2012), 144~145쪽.

11 정상근, 『나는 이 세상에 없는 청춘이다: 대한민국 청춘의 생태 복원을 위한 보고서』(시대의창, 2011), 240, 247, 262~263쪽; 강준만, 『개천에서 용 나면 안 된다: 갑질공화국의 비밀』(인물과사상사, 2015), 79~87쪽 참고.

12 최장집, 『노동 없는 민주주의의 인간적 상처들』(폴리테이아, 2012), 73~74쪽.

13 김경화, 「심상정의 반성문 '진보, 낡은 사고틀에 갇혔다'」, 『조선일보』, 2013년 6월 12일.

14 문재인, 『1219 끝이 시작이다』(바다출판사, 2013), 310쪽.

15 구혜영, 「손학규의 '야당 7년'」, 『경향신문』, 2014년 8월 8일.

16 이진순, 「"진보, 정말 우리부터 잘해야 합니다"」, 『한겨레』, 2016년 1월 23일.

17 김재수, 「따뜻한 자본주의: 기업의 사회적 책임의 경제학」, 『허핑턴포스트 코리아』, 2016년 1월 19일.

18 「Self-licensing」, 『Wikipedia』.

19 김종명, 「[사무실 신풍속도] (15) 직장 상사의 '갑질'은 전염병이다」, 『KBS』, 2016년 5월 1일; 김창규, 「모럴 라이선스」, 『중앙일보』, 2016년 5월 31일.

20 추병완, 「사이버 공간의 도덕적 이탈」, 조화순 엮음, 『사이버공간의 문화코 드』(한울아카데미, 2015), 59~60쪽.

21 추병완, 「사이버 공간의 도덕적 이탈」, 조화순 엮음, 『사이버공간의 문화코 드』(한울아카데미, 2015), 60~61쪽.

22 윌리엄 맥어스킬(William MacAskill), 전미영 옮김, 『냉정한 이타주의자: 세상을 바꾸는 건 열정이 아닌 냉정이다』(부키, 2015/2017), 201쪽.

23 엘리엇 애런슨(Elliot Aronson)·캐럴 태브리스(Carol Tavris), 박웅희 옮 김, 『거짓말의 진화: 자기 정당화의 심리학』(추수밭, 2007), 69~70쪽.

24 솔 알린스키(Saul Alinsky), 박순성·박지우 옮김, 『급진주의자를 위한 규칙: 현실적 급진주의자를 위한 실천적 입문서』(아르케, 1971/2008), 107~108쪽.

25 조지 레이코프(George Lakoff), 손대오 옮김, 『도덕의 정치』(생각하는백성, 2002/2004), 33, 402쪽.

26 석승혜·장예빛·유승호, 「한국의 중도 집단은 탈도덕적인가?: 이념 성향에 따른 도덕성 기반 비교를 중심으로」, 『한국사회학』, 49권 5호(2015년 10월), 122쪽; 이재호·조긍호, 「정치 성향에 따른 도덕 판단 기준의 차이」, 『한국심리학회지: 사회 및 성격』, 28권 1호(2014년 2월), 3~4쪽.

27 Jonathan Haidt, 「The Emotional Dog and Its Rational Tail: A Social Intuitionist Approach to Moral Judgment」, 『Psychological Review』, 108:4(2001), pp.814~834; 조너선 하이트(Jonathan Haidt), 왕수민 옮김, 『바른 마음: 나의 옳음과 그들의 옳음은 왜 다른가』(웅진지식하우스, 2012/2014), 107쪽.

28 조나 레러(Jonah Lehrer), 강미경 옮김, 『탁월한 결정의 비밀: 뇌신경과학의 최전방에서 밝혀낸 결정의 메커니즘』(위즈덤하우스, 2009), 274쪽.

29 정은경·손영우, 「진보와 보수의 도덕적 가치 판단의 차이: 간통죄를 중심으로」, 『한국심리학회지: 일반』, 30권 3호(2011년 9월), 727~741쪽; 정은경·정혜승·손영우, 「진보와 보수의 도덕적 가치 판단의 차이: 용산 재개발 사건을 중심으로」, 『한국심리학회지: 사회 및 성격』, 25권 4호(2011년 11월), 93~105쪽; 이재호·조긍호, 「정치 성향에 따른 도덕 판단 기준의 차이」, 『한국심리학회지: 사회 및 성격』, 28권 1호(2014년 2월), 1~26쪽; 석승혜·장예빛·유승호, 「한국의 중도 집단은 탈도덕적인가?: 이념 성향에 따른 도덕성 기반 비교를 중심으로」, 『한국사회학』, 49권 5호(2015년 10월), 123~124쪽.

30 한귀영, 「왜 가난한 이들은 보수 정당을 지지했는가?」, 이창곤·한귀영 엮음, 『18 그리고 19: 18대 대선으로 본 진보 개혁의 성찰과 길』(도서출판 밈, 2013), 35쪽.

31 한상진·최종숙, 『정치는 감동이다: 2017 승리를 위한 탈바꿈 정치』(메디치, 2014), 87~88쪽.

32 Joseph A. DeVito, 『Human Communication: The Basic Course』, 11th ed.(New York: Pearson, 2009), pp.47~48; Ronald B. Adler et al., 『Interplay: The Process of Interpersonal Communication』, 7th

ed.(New York: Harcourt Brace, 1998), p.63.

33 조너선 하이트(Jonathan Haidt), 왕수민 옮김, 『바른 마음: 나의 옳음과 그들의 옳음은 왜 다른가』(웅진지식하우스, 2012/2014), 311, 333, 335, 337쪽.

34 이동현 · 유재연, 「슬픔 공감대 옅어지자 '유족 배려 폭' 놓고 다른 목소리」, 『중앙선데이』, 2014년 7월 26일.

35 서정민, 「공정성이 진짜 절실한 이들」, 『한겨레』, 2019년 9월 9일, 26면.

36 한귀영, 「촛불을 들지 못한 20대들」, 『한겨레』, 2019년 9월 27일, 27면.

37 김희진, 「'촛불' 든 고려대 학생들의 모순과 이중성」, 『경향신문』, 2019년 10월 3일, 10면.

38 박원익 · 조윤호, 『공정하지 않다: 90년대생들이 정말 원하는 것』(지와인, 2019), 79쪽.

39 변지희, 「홍익표도 설훈처럼 "반공 교육 때문에 20대 보수적"」, 『조선일보』, 2019년 2월 24일; 정환보, 「'20대 청년 비하' 뭇매…여당, 자중지란」, 『경향신문』, 2019년 2월 26일.

40 이영경, 「[책과 삶] 운동권 내부의 적 '가부장적 꼴보수'」, 『경향신문』, 2008년 10월 31일.

41 전희경, 「가해자 중심 사회에서 성폭력 사건의 '해결'은 가능한가: KBS 노조 간부 성폭력 사건의 여성 인권 쟁점들」, 한국여성의전화연합 기획, 정희진 엮음, 『성폭력을 다시 쓴다: 객관성, 여성운동, 인권』(한울아카데미, 2003), 59쪽.

42 최민우, 「[분수대] 선택적 정의」, 『중앙일보』, 2019년 10월 10일, 31면.

43 김두식, 『욕망해도 괜찮아: 나와 세상을 바꾸는 유쾌한 탈선 프로젝트』(창비, 2012), 42쪽.

맺는말

1 Margaret Scammell, 「Political Marketing: Lessons for Political Science」, 『Political Studies』, 47:4(Sep 1999), p.728.

2   김홍수, 「장차관·청 수석 3분의 2 장악한 '386 정부'…미래 세대 등치는 정책 쏟아낸다」, 『조선일보』, 2019년 8월 22일, A33면.

3   김태윤 외, 「국민 72% "총선서 포스트 386 대거 공천해야"」, 『중앙일보』, 2019년 9월 27일, 1면.

4   김지훈, 「고위 공직자 절반이 상위 5% 부자…'서민 생활고' 알까」, 『한겨레』, 2015년 3월 27일.

5   김성희, 「고소득층 49% "나도 빈곤층"…빈부에 상관없이 '에구~ 머니'」, 『중앙일보』, 2016년 1월 16일.

6   존 롤스(John Rawls), 장동진 옮김, 『정치적 자유주의』(동명사, 1993/1998), 58쪽.

7   강준만, 「'미디어혁명'이 파괴한 '위선의 제도화': 커뮤니케이션의 관점에서 본 '트럼프 현상'」, 『사회과학 담론과 정책』, 9권 2호(2016년 10월), 85~115쪽; 강준만, 『도널드 트럼프: 정치의 죽음』(인물과사상사, 2016); 강준만, 『힐러리 클린턴: 페미니즘과 문화전쟁』(인물과사상사, 2016) 참고.

8   손진석, 「좌파 엘리트 정당의 몰락」, 『조선일보』, 2019년 10월 4일, A30면.

9   강준만, 「왜 보수주의자들은 '미끄럼틀'을 두려워하는가?: 미끄러운 경사면의 오류」, 『습관의 문법: 세상을 꿰뚫는 이론 7』(인물과사상사, 2019), 217~224쪽 참고.

10 김소연, 「'고위 공직자, 도덕성보다 능력'…국민 69%는 동의 안 했다」, 『한겨레』, 2019년 10월 2일, 8면.

11 Morris P. Fiorina et al., 『Culture War?: The Myth of a Polarized America』, 3rd ed.(New York: Longman, 2011), pp.188~192.

12 David Horowitz, 『The Art of Political War and Other Radical Pursuits』 (Dallas: Spence Publishing Co., 2000), p.47.

13 미치코 가쿠타니(Michiko Kakutani), 김영선 옮김, 『진실 따위는 중요하지 않다: 거짓과 혐오는 어떻게 일상이 되었나』(돌베개, 2018/2019), 81쪽.

14 박준우, 「무시 못 할 댓글 영향력에 '조작 유혹'도↑…해결책 있나」, 『JTBC』, 2018년 4월 24일; 강준만, 「왜 1퍼센트의 사람들이 전체 조직을 뒤흔들 수 있는가?: 1퍼센트 법칙」, 『독선 사회: 세상을 꿰뚫는 50가지 이론 4』(인물과사상사, 2015), 260~266쪽; 강준만, 「왜 '태극기 부대'는 민

주주의의 공로자인가?: 1퍼센트 법칙」, 『습관의 문법: 세상을 꿰뚫는 이론 7』(인물과사상사, 2019), 155~160쪽 참고.

15 Ronald Brownstein, 『The Second Civil War: How Extreme Partisanship Has Paralyzed Washington and Polarized America』(New York: Penguin Books, 2007), pp.377~378.

16 John F. Bibby & Brian F. Schaffner, 『Politics, Parties, Elections in America』, 6th ed.(Boston, MA: Thompson Wadsworth, 2008), pp.157~158.

17 아난드 기리다라다스(Anand Giridharadas), 정인경 옮김, 『엘리트 독식 사회: 세상을 바꾸겠다는 그들의 열망과 위선』(생각의힘, 2018/2019), 152~153쪽.

18 미치코 가쿠타니(Michiko Kakutani), 김영선 옮김, 『진실 따위는 중요하지 않다: 거짓과 혐오는 어떻게 일상이 되었나』(돌베개, 2018/2019), 81쪽.

19 김인철, 「"종이신문 위기"…정기 구독률 1996년 69.3%→2016년 14.3%」, 『연합뉴스』, 2017년 4월 4일.

20 최은경, 「김경율 "조국 사태로 진보 분열? 몰락했습니다" 작심 비판」, 『중앙일보』, 2019년 10월 15일.

21 하준호, 「이철희 "양질의 사람도 당 구속받으면 이상해져"」, 『중앙일보』, 2019년 10월 16일, 10면.

22 김종휘, 「청년들아, 너희들을 위한 나라는 없다」, 『경향신문』, 2015년 1월 30일; 서의동, 「'한국 리셋론'」, 『경향신문』, 2015년 2월 2일.

23 김소연, 「'불안한 미래' 우리 사회 지속가능성, 국민 22%만 "낙관"」, 『한겨레』, 2019년 10월 2일, 1면.

강남
좌파 2

ⓒ 강준만, 2019

초판 1쇄 2019년 11월 22일 펴냄
초판 2쇄 2019년 12월 13일 펴냄

지은이 I 강준만
펴낸이 I 강준우
기획 · 편집 I 박상문, 김소현, 박효주, 김환표
디자인 I 최진영, 홍성권
마케팅 I 이태준
관리 I 최수향
인쇄 · 제본 I (주)삼신문화

펴낸곳 I 인물과사상사
출판등록 I 제17-204호 1998년 3월 11일

주소 I 04037 서울시 마포구 양화로7길 4(서교동) 2층
전화 I 02-325-6364
팩스 I 02-474-1413

www.inmul.co.kr I insa@inmul.co.kr

ISBN 978-89-5906-549-3 03300

값 13,000원

이 도서의 국립중앙도서관 출판예정도서목록(CIP)은 서지정보유통지원시스템 홈페이지
(http://seoji.nl.go.kr)와 국가자료공동목록시스템(http://www.nl.go.kr/kolisnet)에서
이용하실 수 있습니다. (CIP제어번호: CIP2019045911)